# The Economics of Information Technology
## An Introduction

当　代　世　界　学　术　名　著

# 信息技术经济学导论

哈尔·R·范里安（Hal R.Varian）
约瑟夫·法雷尔（Joseph Farrell）/著
卡尔·夏皮罗（Carl Shapiro）
韩　松　秦安龙　姜　鹏/译　韩　松/校

中国人民大学出版社
·北京·

# “当代世界学术名著”
# 出版说明

中华民族历来有海纳百川的宽阔胸怀，她在创造灿烂文明的同时，不断吸纳整个人类文明的精华，滋养、壮大和发展自己。当前，全球化使得人类文明之间的相互交流和影响进一步加强，互动效应更为明显。以世界眼光和开放的视野，引介世界各国的优秀哲学社会科学的前沿成果，服务于我国的社会主义现代化建设，服务于我国的科教兴国战略，是新中国出版工作的优良传统，也是中国当代出版工作者的重要使命。

中国人民大学出版社历来注重对国外哲学社会科学成果的译介工作，所出版的“经济科学译丛”、“工商管理经典译丛”等系列译丛受到社会广泛欢迎。这些译丛侧重于西方经典性教材；同时，我们又推出了这套“当代世界学术名著”系列，旨在逡译国外当代学术名著。所谓“当代”，一般指近几十年发表的著作；所谓“名著”，是指这些著作在该领域产生巨大影响并被各类文献反复引用，成为研究者的必读著作。我们希望经过不断的筛选和积累，使这套丛书成为当代的“汉译世界学术名著丛书”，成为读书人的精神殿堂。

由于本套丛书所选著作距今时日较短，未经历史的充分淘洗，加之判断标准见仁见智，以及选择视野的局限，这项工作肯定难以尽如人意。我们期待着海内外学界积极参与推荐，并对我们的工作提出宝贵的意见和建议。我们深信，经过学界同仁和出版者的共同努力，这套丛书必将日臻完善。

**中国人民大学出版社**

# 关于拉菲尔·马提利奥讲座

许多著名的经济学家都参加过拉菲尔·马提利奥讲座（The Raffaele Mattioli Lectuces）。为了纪念拉菲尔·马提利奥留下来的文化遗产，1976年意大利商业银行和博科尼商业大学（Università Commerciale Luigi Bocconi）一起创办了这个讲座。拉菲尔·马提利奥曾经多年担任意大利商业银行主席。

后来，意大利商业银行被意大利联合银行合并了，而意大利联合银行也愿意和博科尼商业大学一起继续推进新的系列讲座。拉菲尔·马提利奥讲座旨在创造一个机会来思考和讨论那些当前人们特别感兴趣的话题，从而为应对持续变化的全球经济环境所面临的越来越多的挑战提供研究激励和基本想法。

因此，目前该讲座致力于创造性地分析世

界经济正在发生的重大变化所带来的影响，包括市场的全球化，信息技术和通信领域的持续演进，以及经济和国际关系的融合等等。伴随着欧洲货币联盟的产生，这些重大变化显然带来了许多复杂的研究课题，而这些课题需要运用跨学科的视野才能得以很好解决。

该讲座邀请那些关心各种经济问题的世界各地的杰出学者和研究人员参加，其目的在于做一些有益的讨论，将经济理论与实际政策联系起来。

# 目　　录

# 第一部分　竞争和市场力量

哈尔·R·范里安

## 1　引言

20 世纪 90 年代，信息技术领域相继发生了三件大事：1996 年，美国放松电信管制；1998 年至 1999 年，全球关注“千年虫”问题；1999 年至 2000 年，“网络公司”迅猛发展。这些事件促使了信息技术投资的兴盛，投资的繁荣导致了信息技术公司（即 IT 公司）股票价格猛烈地上涨。

---

本文作者于 2001 年 11 月 15 日至 16 日和 2003 年 3 月 6 日分别在意大利米兰的博科尼大学和法国巴黎的索邦大学作了拉菲尔·马提利奥讲座的系列演讲，本文是演讲稿的修订版本。同时，本文部分内容来自于 2001 年 8 月作者在堪萨斯城联邦储备银行举办的杰克逊·霍尔（Jackson Hole）研讨会上所作的演讲论文。感谢美国国家科学基金会资助项目（SES-9979852）的研究支持，同时感谢埃里克·布林乔夫森（Erik Brynjolfsson）、乔·法雷尔（Joe Farrell）、保罗·克莱佩雷（Paul Klemperer）和凯文·墨菲（Kevin Murphy）的有益建议。欢迎评论，联系邮箱：hal@sims. berkeley. edu。

许多 IT 公司将它们的股票在纳斯达克股票市场（NASDAQ）挂牌上市。图 1 展示了分别以纳斯达克指数和标准普尔 500 指数表示的股票累积收益率。我们注意到，在 1999 年 1 月之前这两个指数的变化轨迹相当的接近，之后纳斯达克指数表现出了过山车似的变化轨迹，开始迅速的上升，最终又很快回到了原位。很有意思的是，我们发现图中描述的两个市场的收益最终却趋于一致。

图 1 实际上低估了技术公司在股票市场上所起的重要作用，因为标准普尔 500 指数的收益很大部分也是由技术类股票拉动的。1990 年 12 月，标准普尔 500 指数股票成分中技术类股票仅占 6.5%；2000 年 3 月，这一比例超过了 34%；2001 年 7 月，这一比例降为大约 17%。

**图 1　以纳斯达克指数和标准普尔 500 指数表示的股票累积收益率**

一位著名的硅谷风险投资家将这次技术类股票价格的猛涨称为“人类历史上最伟大的合法的财富创造”。然而，后来发生的事情表明，并不是所有的都是合法的，也并不是所有的都是财富。

尽管只有少部分公司在互联网繁荣期间获得了成功，但是这个事实并不意味着 1999 年至 2001 年间的这些大量投资没有社会价值。实际上，正好完全相反。我们可以对图 1 做与通常的解释完全不同的解释，即在这期间市场竞争十分充分，因此互联网技术带来的社会收益大部分最终转移给了消费者，只留下很少的剩余在投资者手中。

很显然，最近短短几年，世界的变化引人注目。电子邮件已经成为了许多机构之间的交流工具。曾经只是一个科学狂想的万维网，现在已经成了信息工作者不可或缺的工具。即时通讯工具已经改变了孩子们的交流方式，同时开始影响商业交流。

许多宏观经济学家认为，20 世纪 90 年代前期对信息技术领域的投资导致了 90 年代后期的生产率增长。如果这是正确的，那么这将是一个很好的消息，因为这意味着我们尚未全部收获 20 世纪 90 年代后期信息技术领域的投资带来的益处。①

## 2　技术和市场结构

本节的主要内容是技术和市场结构之间的关系。与其他产业一样，高技术产业也受到同样的市场力量制约。但是，有一些市场力量在高技术产业里显得特别重要，而这将是我们所主要关心的。这些市场力量并不是"新近才出现的"。实际上，20 世纪 90 年代在网络产业中起作用的市场力量，与 19 世纪 90 年代电话和无线电报产业面临的市场力量很相似。

但是，在工业经济中一些作用相对较小的市场力量，在信息经济中却变得相当重要。影响工业产品的次要因素通常是影响信息产品的首要因素。

例如，考虑成本结构。不变固定成本和零边际成本是教科书里分析部分的通常假设，但是对于实物产品而言，由于在几乎每一个生产过程都有生产能力限制，所以这种情况是很少存在的。不过，对于信息产品而言，这样的成本结构很普遍——实际上是一个基本事实。不仅对于纯信息产品来说是这样的，甚至对于像硅芯片这样的实物产品来说也是如此。芯片制造商可能需要花费数十亿美元来建造厂房和配置设备，但是多生产一个芯片的成本仅仅为几美元。除了信息技术产业，我们很难在其他产业中找到这样极端的成本结构。

在后面的内容中，我将讨论关于定价、转换成本、规模经济、交易成

① 在本研究中，我不讨论关于生产率的相关文献；关于这些文献的介绍，参见 Brynjplfsson and Hitt (2000)，Steindel and Stiroh (2001)，以及 Stiroh (2001)。关于不同的研究方法，参见 Litan and Rivlin (2001)，以及 Rivlin and Varian (2001)。

本、系统协调以及契约等方面的经济效应。在经济学文献中，人们已经广泛深入地研究过上面的每一个问题。在本节中，我不对相关文献进行全面的评述，而是主要关注一些相对新近的材料，从而对这些问题的研究现状进行一个简单的说明。我将介绍一些有突出贡献的研究资料和其他更具综合性的研究文献。这样做的目的，是向那些具有经济学素养的读者，而不是向专家提供关于这些问题的研究概览。

如果你想要了解一些复杂难懂的专业文献，我推荐《经济学文献杂志》（*Journal of Economic Literature*）上的关于网络产业的研究综述，其中包括如下一系列文章：Katz and Shapiro（1994），Besen and Farrell（1994），Leibowitz and Margolis（1990）。同时，我还推荐两本著作：Shy（2001）和 Vulkan（2003）。此外，法雷尔和克莱佩雷（Farrell and Klepmperer，2003）引用了大量的参考书目，对转换成本和网络效应进行了详尽的论述。如果你不想涉及复杂的学术分析，只是想更多地了解商业策略，我推荐夏皮罗和范里安（Shapiro and Varian，1998a）的有关著作，这本书里包括很多现实生活中的例子。

## 3 知识产权

信息技术可以用来处理信息，而其中有一些信息可能就是知识产权。因此，在信息技术经济学里，那些关于知识产权的术语和使用条件起着重要的作用。版权法界定了销售产品的所有权。专利法规定了实物设备的专利激励、使用限制和发明创新等条款，并且越来越多地应用于软件生产和商业贸易之中。

在这里，我不直接论述知识产权问题。因为我的两个合作者——约瑟夫·法雷尔（Joseph Farrell）和卡尔·夏皮罗（Carl Shapiro），将在本书第二部分进行精彩的讨论。除了他们的贡献之外，我还向读者推荐其他研究文献：Gallini and Scotchmer（2001），Gallini（2002），Menell（2000），Shapiro（2000，2001a）。同时，萨缪尔森和范里安（Samuelson and Varian，2002）提到了知识产权政策的一些最新进展。

# 4 互联网繁荣

首先，我们面临这么一个问题：怎么解释20世纪90年代末出现的互联网繁荣？从目前来看①，这样的尝试无疑是不成熟的，并且带有一点投机性质。毫无疑问，再过几年，我们可以获得更多的信息，形成更加成熟的观点，从而更加清晰地认识整个问题。但是，在这里，我仍然愿意提供一种方法来帮助我们理解曾经所发生的事情。

我认为20世纪90年代末的互联网繁荣，是“组合创新”（combinatorial innovation）的一个典型例子。组合创新指的是，人们时不时地通过一种技术或者一系列技术，形成了各种各样的元件（component），然后将这些元件组合或者重新组合起来，从而创造出新的产品。当创新者突破了种种困难，这些元件的组合或重新组合又促进了技术的繁荣。

当然，在经济史中，这不是一个新的概念。熊彼特（Schumpeter，1934，第66页）提到了“新的生产方式组合”。更近的，韦茨曼（Weitzman，1998）使用了术语“再组合增长”（recombinant growth）。吉尔菲兰（Gillfillan，1935）、厄舍（Usher，1954）、考夫曼（Kauffman，1995）和其他许多经济学家论述经济增长时，在本质上都采用了类似的概念。布雷斯纳汉和特拉基滕伯格（Bresnahan and Trajtenberg，1995）和赫尔普曼（Helpman，1998）提出的“通用型技术”（general purpose technologies，GPTs）概念——用我们的术语来说——是一种对于组合创新来说特别重要的元件类型。

由组合创新引起的技术变革的一个绝好例子是，19世纪早期，人们对于可替换部件（interchangeable pant）的研发尝试。② 齿轮、滑轮、链条、凸轮和其他机械设备设计的逐渐标准化促使了所谓的“美国制造体系”的发展——从新英格兰的武器制造工厂起步，最终兴盛于家用电器产业。一个世纪以后，汽油发动机的发展引起了又一波组合创新，人们将其安装到摩托车、汽车、飞机等各种各样的设备上。

正如熊彼特在他的几本著作（例如Schumpeter（2000））里提到的，组

---

① 指2003年，即作者当时写这本书的时候。——译者注

② 参见Hounshell（1984），该书饶有趣味地记录下了这个时期的技术发展历史。

合创新是发明以波浪式或者“集群式”出现的主要原因之一，他写道：

> 那些完全未经考验的新事物所面临的各种社会阻力一旦被克服了，人们将不仅更加容易地重复相同的事情，并且也更加容易地从不同侧面做类似的事情。所以说，初始的成功总会产生一个集群。
>
> （Schumpeter，2000，p. 142）

熊彼特强调的是创新以集群式出现的“需求方面”的原因。我们也可以从互补的角度考虑“供给方面”[①]的解释：在大多数情况下，由于人们在工作中往往接触相同的东西，所以当看见同时出现的创新时，我们不必惊讶——某几个创新者在几乎同一时间里发明了本质上相同的东西。我们可以列举许多众所周知的例子，包括电灯、电话、汽车和飞机等的发明。

创新以波浪式出现的第三种解释是互补产品的发展。当汽车在 20 世纪初期开始流行起来时，我们不禁要问：公路和汽油是哪儿来的呢？答案是：公路最初是在过去十年自行车兴盛时铺筑的，而供给农场上固定式发动机的汽油通常可以在一般的商店里购买到。这些互补产品以及其他互补产品（比如充气轮胎）的发展足够促使新生的汽车技术进步，而一旦汽车产业增长加速，又进一步刺激了对道路、汽油、石油和其他互补产品的需求。这是“间接网络效应”的一个例子，我将在第 10 节作进一步的分析。

同时，蒸汽发动机和电力发动机的发展也开启了组合创新的快速发展时期。20 世纪中叶，集成电路对电子产业产生了巨大冲击。越来越强大的微电子装置正按照摩尔定律的预言迅猛发展，改变了人们的通讯方式，给计算机产业带来了重大变革。作为互联网互联互通主力军的路由器、作为信息供给者的服务器以及人们用来获取这些信息的计算机都是借助于微处理器来实现运作的。

但是所有这些技术变革都经历了较长时间——有时候需要花费数十年——才取得最终的成果。正如豪恩谢尔（Houshell，1984）所记录的，人们用了一个多世纪的时间才使可替换部件变得真正可以信赖，花费了几十年才成功研发出了汽油发动机，用三十年才使微电子产业达到目前的阶段。

不过，互联网革命却仅仅是短短几年间的事情。与上面提到的那些技

① “需求方面”指的是创新出现的客观现象，“供给方面”指的是创新者能够创新的主观原因。——译者注

术变革相比，为什么互联网革命会如此迅速呢？有一种假说是，与过去的那些重大的技术进步相比，互联网革命中的技术进步太小。例如，参见Gordon（2000）。这可能还有待证明，因为在目前阶段我们还很难说清楚互联网革命中技术进步的大小。

另一种解释是，促使互联网革命的部件元件与促使早先时期组合创新的机械或电气元件有很大不同，它们大多不是物质的元件，而仅仅是“比特”，是概念、标准、规范、协议、程序语言和软件。对于这样的非物质元件，不存在生产延误，也没有运输成本和库存问题。不像齿轮和滑轮，你永远不可能将超文本链接标示语言（HTML）耗尽。一款新的软件可以在几秒钟之内发送到世界各地，而世界各地的创新者可以将这款软件与其他元件组合或者再组合来创造一系列新的应用软件。

我们可以列举很多例子，例如网页、聊天室、可点击图片、电子邮件、MP3音乐文件、在线拍卖、在线交易、博客、维基百科等，其中最为关键的是上面所列举的这些东西都是由一些基本工具和协议开发出来的。这些都是互联网引发的组合创新的成果，正如缝纫机是18世纪末军工产业中可替换元件的发展所引发的这个时期的组合创新的成果一样。

考虑到没有物质条件限制，那么我们就毫不惊奇互联网革命的进程会如此迅速了。实际上，创新的节奏如今依旧很快。由于人们开发出了功能越来越强大的管理和制作网站的工具，越来越多的人可以轻松快捷地在线编制应用软件，创新的步伐甚至加快了。

20年前，在没有一致的研究方向也没有权威专家的情况下，如果有人设想仅由几个程序员组成的松散团体可以开发出一整套操作系统，那么这样的想法可能会立马被否定。人们会认为这样的一种研发方式太荒谬了，但是这在现实中却真实地发生了：GNU/Linux操作系统不仅仅是通过在线方式创造出来的，而且性能良好，对那些已经在市场上很有影响力的操作系统构成了严重的威胁。

这种开源软件（open source software）就像组合创新的原生汤一样。所有元件都漂浮在汤上面，相互碰撞，形成新的分子结构，然后这些新的分子结构又成为了进一步创新的元件。与闭源软件不同的是，开源软件允许程序员以及想要成为程序员的人深入软件的内部查看软件是怎样被编制集成的。

这种获取知识的方式极大地促进了教育的发展，激励了人们更多地创新。事实上，这一向如此。我们可以看看约瑟夫森（Josephson）对托马斯·爱迪生（Thomas Edison）发明方法的描述：

> 由于他重复不断地接触这些机器，凭借多次的尝试，某种独特的构想出现在他的脑海，那些人们所熟知的材料和长期接受的构造方式，被他以一种与众不同的方式组合在一起——然后就有了一个发明。
>
> （Josephson，1959，p. 91）

开源代码使得软件内部的运行方式变得明白显然，从而使得未来的“爱迪生”们可以使用现成的程序，或者在此基础上进行新的开发，或者进一步的改善，然后再将它们组合起来创造新发明。

HTML 是以开源代码方式构建的，毫无疑问，这个事实是促使网络迅速扩张的一种重要力量。从设计理念上来说，网页浏览器有供用户“查看源代码”的功能，这意味着许多新的设计和功能将会立刻被全球的模仿者和创新者采用。Perl、Python、Ruby 和其他可编译语言都有相似的特征。这些“二进制代码”不会隐藏原始作者的设计思路，这使得之后的使用者可以在程序和系统上添加新的内容，从而改善并使其功能变得更加强大。

## 4.1 金融投机

在上面提到的每一个时期里，金融投机都伴随着组合创新一起出现。新技术吸引了公众的眼球，不可避免地引发了新一轮投资热潮，我们可以列举出太多的例子，如缝纫机、电报、铁路、汽车等等。

或许，与互联网繁荣最相似的时期是所谓的“欢乐的 1923”（Euphoria of 1923）。在这个时期，无线电广播很明显将会成为又一项重大技术。与互联网一样，无线电广播面临的挑战是如何能够盈利。一本名叫《无线电世界》（*Wireless World*）的无线电业余爱好者杂志甚至举办了一场比赛来确定无线电广播的最佳商业模式。获得胜利的那个想法是，由于无线电广播商业广告不再是受欢迎的商业模式，所以可以选择类似于“收取真空管税”（a tax on vacuum tubes）的方式。①

① 关于这段历史，斯马兰（Smulyan，1994）作了比较详尽的介绍，汉森（Hanson，1998）提供了一个有参考价值的概述。

不可避免地，无线电广播的发展给其股票市场带来了泡沫。当公众为一项新技术感到兴奋时，许多“傻钱”（dumb money）便涌入了股票市场，泡沫就成了通常的后果。对于理性投资者来说，或许泡沫真的很难产生。但是对于现实生活中的人来说，或许泡沫真的很难不会产生。

尽管在互联网泡沫时期数十亿美元蒸发了，这个时期投资的重要部分仍然有社会价值。许多投资转换成了绵延在地下的“深色光纤”。但是由于铺设 128 股光纤和 1 股光纤是一样的便宜，所以“额外”投资的边际成本相当的低。

在这个泡沫时期，最大的资本投资可能是人力资本投资。为了迅速取得经济上的成功，整个年轻一代投身于技术学习与研发之中。正如对于 20 世纪 20 年代的青年人来说，了解无线电广播很重要；对于 20 世纪 50 年代的青年人来说，了解汽车很重要；对于 20 世纪 90 年代的青年人来说，了解计算机变得很重要了。在 20 世纪 90 年代，很明显“成为数字人才”（不管其确切含义）是很酷的，就像在 20 世纪 50 年代“成为机械技术人才”很酷一样。

在将来，与计算机相关的知识和天赋能够带来巨大的回报。我们所观察到的 20 世纪 90 年代生产率的迅猛增长，部分原因可能来自于电子数据表格、网页等软件方面的人力资本投资，而不是个人计算机、路由器等硬件方面的物质资本投资。但是，由于硬件、软件以及湿件（wetware）——人力资本——是紧密关联的，所以我们几乎不必对人力资本投资能够促进经济增长这个假说进行计量检验，这个假说是显然成立的。

## 4.2　现在我们在哪里?

正如我们所看到的，互联网、数字化以及金融市场等等一起带来了创新的快速发展期。这个时期的创新成果的功能或能力，实际上在每一个方面都超出了人们最初的预期，比如计算循环、带宽，甚至包括 HTML 程序员。这些东西目前仍然有价值，只不过它们不是投资者曾经想要的或希望的利润的源泉罢了。

我们现在处在一个巩固期。这些投资的价值已经在市场上得到体现，并且它们真正的资产价值——未来的潜在收益——仍将得到更好反映。可以确定的是，这个过程是痛苦的，但是大体上与 20 世纪 30 年代汽车市场和无线电广播市场上所发生的情况没有什么不同。现在，我们仍然开着汽车，并且听着无线电广播，那么在未来的几十年里，我们仍将继续使用网页，或者其后继产品。

现在的挑战是，我们怎样利用20世纪90年代的资本投资来改善产品的生产方式和服务水平。我们已经知道，20世纪90年代后期生产率增长明显加速，并且在接下来的经济萧条时期也保持了持续增长。这是因为信息技术的广泛运用吗？毫无疑问，信息技术起了一定作用，尽管它的作用究竟有多大还有待进一步讨论。

从另一个方面来看，现在也是组合创新的平稳期：元件不断得到完善，新的发明初见端倪，只不过人们还没有将它们充分地融入现实工作实践中。戴维（David，1990）描述了电动机带来的生产率进步是如何经历了几十年才达到成熟的。真正的突破得益于小型化，以及人们找到了重新组织生产过程的方法。亨利·福特（Henny Ford）以及其整个管理团队，每天都在工厂里调整装配线上部件之间的流动衔接，最终他们找到了批量生产的理想生产流程。

我们现在面临的挑战是如何通过企业重新组织信息流，不仅着手于企业内部，并且要抓住整个价值链。迈克尔·戴尔（Michael Dell）向我们展示了与终端用户的直接的数字化信息交流可以被纳入生产计划，从而使"批量定制"（mass customization）生产过程得到完善。

考虑到个人计算机是由一些相对较小的标准化元件组装而成的，它的生产就特别容易受到不同组织形式的影响。不过，戴尔的例子已经激励了许多其他产业的创新者。在将来，我们会发现许多其他由信息技术带来的产品创新的例子。

卡尔（Carr，2003，2004）声称信息技术不再重要，因为现在信息技术是如此的廉价和普遍，以至于不再具有竞争优势。廉价和普遍的说法肯定是对的。但是按照我们前面所讨论过的，信息技术是一种特别适合于组合创新的元件，事情很可能变成这么一种情况：正是因为信息技术是如此的廉价和普遍，因此它将会更有利于激励进一步的发明创造。并且，无论是借助于知识产权，还是依靠先动优势，创新者都能在某种程度上占有这种发明创造带来的成果。因此，通过创造性地运用信息技术也可以带来显著的竞争优势。

## 4.3 "新经济"

有些人声称，我们需要一种新的经济学来解释这个新的信息经济。我对此表示怀疑。现在已有的经济学或者至少说已有的经济学原理仍然有显著作用。在现在这个新的信息经济中起作用的许多经济效应在以前的工业经济中也存在，只不过你需要知道从哪个角度去分析。

在工业经济中不常见的效应——比如网络效应、转换成本等等——在信息经济里却十分常见。最近这些旨在研究信息技术经济学的文献都是严格建立在传统经济学理论基础之上的。就像技术创新一样，创新不是来自于基本材料本身，经济学理论创新也不是来自于经济分析要素本身，而是它们组合的方式。①

现在，我们按照经济学的思维逻辑，开始转向分析这种“组合创新”。

# 5　产品和价格差异化

当我们分析高技术产业时，价格歧视很重要，这有两个原因。第一个原因是在高技术产业中广泛存在高固定成本、低边际成本的技术，这些技术通常导致显著的市场力量，进而带来经济的无效率。特别地，市场价格通常会高于边际成本，对于市场参与者的厂商来说，这意味着实行价格歧视的收益会很明显。

第二个原因是信息技术能够有助于细致地观察和精确地分析消费者行为。这就使得以前难以实施的许多市场策略，至少说很难大规模实施的市场策略能够得以实施。例如，销售者可以根据消费者个人行为和特征的差别索取不同的价格或者提供不同的商品。

本节将回顾一些由价格歧视能力差异引起的经济效应。

## 5.1　一级价格歧视

在最极端的情况下，信息技术会导致“单一产品市场”（market of one），从某种意义上说是高度个性化的产品以同样高度个性化的价格出售。这种现象也被称作“批量定制”或者“个性化生产”（personalization）。

消费者可以在许多新闻网站和门户网站首页进行个性化设置，也可以从戴尔公司那里订购按个人要求配置的电脑，甚至从李维斯公司那里定制

① 也就是说经济学理论创新也是一种组合创新，比如采用新的分析方法或工具来研究旧的经济对象，或者采用已有的分析方法或工具来解释新的经济现象等。——译者注

由计算机设计的个性化蓝色牛仔裤。我们发现定制的可能性越来越大，无论是信息产品还是实物产品。

亚马逊公司被指控根据顾客的行为差异向不同顾客索取不同的价格（Rosencrance，2000），但是亚马逊公司声称这仅仅是一项市场实验。然而，人们能够容易地在互联网上进行市场实验，这件事本身就是值得注意的。由此可以推测，在基于互联网的商业中，企业将会采用这种很有效的方法来调整价格，从而在价格决策的时候消除所谓的“菜单成本”。布林乔夫森和史密斯（Bryniolfsson and Smith，1999）发现，网络零售商比传统零售商更加频繁地调整价格，并且价格按照适当的方式上调。

在垄断理论中，一级价格歧视理论相当的简单：厂商向每一个消费者索取能够达到的最高价格，因此获得所有的消费者剩余。然而，这很显然是一种极端的情况。网络销售者不仅面临线上销售者的竞争，而且也面临着线下销售者的竞争，所以在本书的模型中加入竞争分析是很重要的。

乌尔夫和乌尔坎（Ulph and Vulkan，2001）考察了竞争环境中的一级价格歧视理论和产品差别化理论。在他们的模型中，消费者按照产品偏好划分，厂商选择产品销售地点并向消费者进行个性化定价。乌尔夫和乌尔坎发现了两种显著的效应：“增加的剩余索取效应”（enhanced surplus extraction effect）和“增强的竞争效应”（intensified competition effect）。第一种效应指的是这样一种情况：个性化的定价使得厂商可以向每一个消费者索取接近于其保留价格的销售价格。第二种效应指的是：厂商为了争夺每一个消费者而加剧了相互竞争。在这个模型中他们发现，当消费者偏好并没有显著差别时，竞争效应将大于剩余索取效应；相对于非个性化定价来说，竞争性的个性化定价使得厂商状况恶化而消费者状况得到改善。

这是一个有趣的结论，但是他们在模型中假设信息是完全的。因此，他们忽略了这么一种可能：长期供给者比其他供给者更了解他们的消费者。销售者很强调“拥有消费者”。一种持续的顾客关系将会使销售者比潜在的竞争者更加了解“他们的”消费者的购买习惯和真实需求。对于我来说，亚马逊公司的个性化推荐服务很有帮助，因为我曾经从那儿买过书。一个新的销售者将不会有这种关于我的购买经历的大量信息，因此可能向我提供的服务较差。

当然，我可以在亚马逊网站上搜索而在其他地方购买，但是在其他情况下这种搭便车的行为是不可行的。例如，一家名叫 AmeriServe 的公司，它给许多快餐店提供订单本。作为一个附带的结果，它发现关于顾客订单的记录，使得它能够比快餐店自己更好地分析和预测顾客的需求。通过这种优质信息，AmeriServe公司能够向快餐店提供比如按照推荐的订单而重新进货等服务。对于快餐店来说，这样的服务很有价值，因此相对于其他竞争的供给者来说，AmeriServe公司获得了竞争优势。这也使得它能够为这种服务索取额外费用，可以是收取一个额外的固定费用，也可以是对订单本产品收取较高的价格。

个性化定价很明显涉及隐私问题。如果销售者知道了顾客的偏好，固然能够更好地为顾客提供他们最需要的产品，但是也有可能因为这种优质的服务向顾客索取更高的价格。很显然，我想要我的裁缝、医生和会计师明白我的需求，然后向我提供个性化的服务。然而，同样显然的是，一般来说，我不愿意他们向第三方分享我的信息，特别是在没有经过我同意的情况下。从本质上说，这不是隐私问题，而是信任问题：消费者有权控制关于他们自己的信息是怎样被使用的。

按照经济学的分析，关于个人信息的双边契约能够提高经济效率，至少在交易成本很低的时候。但是，在没有消费者允许的情况下，可能将信息出售给第三方，这表明契约本身是不明晰的，因此我们没有理由相信这是有效率的。大概，我们所需要的是预制契约来管理市场上的个人信息。这种预制契约的最佳结构取决于与各种安排相关的交易成本。范里安（Varian，1997）更加详细地讨论过这个问题。[①]

另一个与个性化定价和批量订制相关的问题是广告。许多个性化的服务也严重依赖广告收入。例如，互联网搜索引擎向在搜索问题里面嵌入"热门词汇"的广告索取相当高的价格，因为这些广告会根据消费者的搜索内容以某种特别的关联方式显示出来。目前[②]，谷歌有超过100 000个广告商来竞标关键字和关键短语。当用户搜索与这些关键字相关的信息时，谷歌就会显示相关的广告。竞标价格以及其他信息，比如历史点击率，会影响广告的显示顺序。

---

①　范里安（1997）认为一种有效的契约结构应该使交易成本和协商成本最小化。同时关于个人信息的契约应当明晰在没有个人明确同意下不能将个人信息再出售，但可以出租给第三方使用。——译者注

②　指2003年，即作者当时写这本书的时候。——译者注

## 5.2 二级价格歧视

二级价格歧视指的是这样一种情况：同一种产品按照某种方式划分为不同类型，而不同类型有不同的价格，但是每一个消费者面临着相同的价格组合。这也被称为“按产品类型定价”、“市场分割”或者“版本划分”。也就是说，销售者知道消费者的偏好分布，并以此设计出针对不同市场的产品类型。

这种形式的价格歧视运用广泛。汽车、电子产品和许多其他产品通常都是按照产品类型销售的。通常，我们并不认为信息产品按照产品类型出售。但是，仔细一想，这可以被看做一种惯用手法。无论是从图书馆借，还是自己购买，我们都能找到精装本和平装本两种类型的书。我们可以在剧院里或者飞机上观看影片，也可以通过录像带、DVD 以及电视机观看电影。报纸也分为电子版和纸质版两种类型。传统的信息产品通常按照不同的版本出售。

互联网上的信息产品也采取了版本划分的形式。仅仅举一个例子，在雅虎网站上，人们可以免费获得滞后 20 分钟的股票价格信息，但是需要花费 9.95 美元/月才能获得即时的股票价格信息。在这个例子中，供应商通过“延迟”来划分信息产品。

信息技术不仅有助于收集关于消费者的信息，从而帮助销售者设计不同产品类型。而且，实际上信息技术本身也能够用来划分产品版本。关于版本划分的分析，参见 Shapiro and Varian（1998a，1998b）以及 Varian（2001）。

销售者在设计产品类型时，遇到的一个基本问题是“和自己竞争”。通常，具有高支付意愿的消费者会被较低价格的产品所吸引，而这些较低价格的产品本来是面向低支付意愿的消费者的。对于这个问题，一般有三种解决方法，或者降低高端产品价格，或者降低低端产品“质量”，或者前两种方法的组合。采取质量调整策略可能是值得的，甚至当成本很高时——低端产品有可能比高端产品的生产成本更高。关于这种情况的一般论述，参见 Deneckere and McAfee（1996）；关于信息产品的应用分析，参见 Shapiro and Varian（1998a）。

范里安（2001）分析了版本划分带来的一些福利影响。粗略地说，版本划分是一件好事。因为如果没有版本划分，许多市场也就不存在了。这是价格歧视带来的标准的产出增加效应，施马尔兰森（Schmalensee，1981b）和范里安（1985）曾经对此讨论过。然而，为了限制自我选择问题的出现，销售者可能会降低产品质量，这是版本划分的社会成本。在许多情况下，产出增加效应超过了质量降低效应，意味着版本划分通常是增加福利的。

技术密集型信息产品产业里广泛采用版本划分策略。Intuit 公司出售三种不同版本的家庭会计和税收管理软件，微软公司出售一系列不同版本的操作系统和应用软件，甚至好莱坞也学会了用家庭录像带来划分观众。DVD 市场的最新趋势是，以某个价格出售“标准”版本，然后以一个贵 5 美元或者 10 美元的价格出售加强的“收藏版本”。这个更加精致的版本里包括被剪切掉的片段、导演评论、剧情梗概等内容。这使得电影制片公司可以通过这种价格歧视的方式来区分收藏者和普通观众、购买者和租用者。不用说，两种版本之间的价格差别比两者之间的成本差别大很多。

## 5.3　三级价格歧视

三级价格歧视指的是，销售者向不同的消费者群体索取不同的价格。当然，这是一种被广泛运用着的古典的价格歧视形式。

传统分析考察的是垄断价格歧视，但是最近人们尝试着将这种分析拓展到竞争的情况下。阿姆斯特朗和维克斯（Armstrong and Vickers，2001）对相关文献进行了概述，同时进行了全面的讨论，并且取得了许多新的成果。特别地，他们观察到当消费者在本质上偏好相同，并且厂商在向每一个消费者或消费者群体提供产品或服务存在固定成本时，竞争性的三级价格歧视通常会使消费者的状况得到改善。这是因为，竞争迫使厂商最大化消费者效用，而价格歧视使得厂商在面对固定成本时更具有弹性。如果厂商没有固定成本，竞争性的三级价格歧视会使消费者效用减少，尽管总福利（消费者剩余加生产者剩余）仍然会上升。[①]

对于异质的消费者，情况并不是那么明显。通常，竞争性的价格歧视使得消费者剩余减少而生产者利润增加，而总福利很可能减少。

---

① 厂商没有固定成本，意味着竞争性的三级价格歧视不存在竞争效应只存在价格歧视效应，所以消费者效用减少；同时，没有固定成本意味着厂商剩余增加，所以生产者剩余是增加的，如果消费者剩余减少较小，则总福利仍然是增加的。——译者注

## 5.4 基于购买历史的价格歧视

在高技术产品市场中，还有另外一种形式的价格歧视，即建立在购买历史上的价格歧视，这种价格歧视引起了研究者的广泛兴趣。弗登博格和梯若尔（Fudenberg and Tirole，1998）研究了寡头模型，垄断者可以通过提供产品升级、版本加强等方式来区别对待新老顾客。弗登伯格和梯若尔（2000）又研究了双头模型，在这个模型中加入了一个"窃取"现象：一个厂商可以通过虚报低价来暗中争夺另一个厂商的顾客。维拉斯-博厄斯（Villas-Boas，1999，2001）对这两个模型的结果进行了扩展讨论。

阿奎斯蒂和范里安（Acquisti and Varian，2001）考察了一个简单的模型，其中消费者有两种类型：高估价的和低估价的，而垄断者制定价格方案。他们发现，尽管垄断销售者可以根据消费者先前的购买历史来进行价格歧视，但这么做是绝对不会盈利的，这与斯托克（Stokey，1979）和萨伦特（Salant，1989）的跨期价格歧视的分析是一致的。

然而，阿奎斯蒂和范里安（2001）也指出，如果垄断者能够提供某种扩展型服务，比如一键购物或者基于购买历史的推荐服务，那么根据消费者先前的行为来定价是最优的选择，并且垄断者能够从这种扩展型服务里攫取部分利润。

甚至在一个竞争的环境里，销售者通过提供个性化的服务也能获得部分垄断权，因为销售者可以根据先前观察到的消费者购买行为，提供特殊的定制服务。均衡结果表明，这是一种锁定：一些消费者忠实于他们最初光顾的那些销售者，因为这些销售者能够提供个性化的扩展型服务，而消费者认为这种服务特别有价值。

## 5.5 搜寻

互联网带来的一个重要影响是可以显著降低搜寻成本。甚至在那些直接网上交易相对较少的市场上，比如汽车销售市场，消费者也表现出在决定购买之前，通过互联网收集许多信息。

现在市场上有很多提供导购服务的机构，这使得人们比较产品价格变得容易。根据雅虎的资料，mySimon、BizRate、PriceScan 和 DealTime 是提供这种服务的最受欢迎的机构。如果一些消费者选择通过这类导购机构来购物，而另外一些消费者选择通过随机方式来购物，那么会有什么不同呢？这个问题已经被许多人讨论过了：格林沃尔德和凯法尔特（Greenwald and Kephart，1999），贝伊和摩根（Baye and Morgan，2001），贝伊、摩根和斯科尔滕（Baye，Morgan and Scholten，2001）以及其他一些人。这个问题的结构与范里安（1980）里提到的问题很相似，所以我们不必惊讶解决方案是一样的：销售者将采取混合策略和随机定价。这意味着，销售者一方面通过低价格来争取搜寻者，另一方面向非搜寻者索取一个平均来说较高的价格。在我1980年的那篇文章里，这种随机定价表现为产品促销销售，而在互联网中，随机定价表现为产品价格的每天小幅度波动。正如理论所预测的那样，贝伊等人（2001）以及布林乔夫森和史密斯（1999）指出与理论预期相似，在线厂商忙于频繁地进行价格小幅调整。詹森和莫拉加-冈萨雷斯（Janssen and Moraga-González，2001）考察了这个模型里搜寻强度的变化对均衡结果的影响。

越来越多的人不使用“导购网站”，因为他们对导购网站不信任。埃利森和埃利森（Ellison and Ellison，2001）发现，我们通常可以看见网上零售商采取“钓鱼”策略：他们通过给一个价格较低、质量较次、版本较低的产品（比如过时的记忆芯片）打广告，从而吸引用户光顾他们的网站。这种迷惑手段可能最终使用户对导购网站感到沮丧，然后导致了上面提到的这种价格歧视。

## 5.6　捆绑

捆绑（bundling）指的是将两种或者多种不同的产品组合在一起按照某个单一价格出售（Adams and Yellen，1976）。对于信息产品来说，这种策略特别有吸引力，因为将一件附加产品添加到捆绑产品里的边际成本基本可以忽略不计。这里有两种不同的经济效应：第一种是支付意愿离散度降低，这是价格歧视的一种形式；第二种是进入壁垒增加，我们需要单独讨论。

为了便于理解价格离散效应，考虑一个简单的例子。市场上有一个同时销售文字处理器和电子数据表格两种产品的软件制造商。马克愿意为文字处理器支付120美元，为电子数据表格支付100美元。诺亚愿意为文字处理器支付100美元，为电子数据表格支付120美元。

如果由于某种限制，销售者只能为两种产品制定一个统一的价格，那么他将为每一种产品定价100美元，这样就可以获得400美元的收益。但是假设销售者可以将两种产品捆绑组成一个“办公套装软件”。如果消费者对于捆绑产品的支付意愿等于两种产品支付意愿之和，那么每个消费者愿意为这个捆绑产品支付220美元，销售者将获得440美元的收益。

收益的增加是因为捆绑减少了支付意愿的离散程度：从本质上说，是需求曲线变得更平坦了。这个例子建立在两个消费者的支付意愿负相关的假设基础上，因此离散程度减少特别明显。但是，大数定理告诉我们，除非随机变量完全相关，否则支付意愿加总起来就会减少相对的离散程度，使得需求曲线更加富有弹性。

巴科斯和布林乔夫森（Bakos and Brynjolfsson，1999，2000，2001）已经相当详尽地讨论过这个问题，并且认为捆绑显著提高了厂商收益和总的经济效率，但是减少了消费者剩余。他们也注意到，相对于实物产品而言，信息产品的这种效应更加强烈，因为信息产品的边际成本为零。

阿姆斯特朗（1999）建立了一个在某种程度上说更一般的模型，其中考虑了偏好相关性。他找到了一个“几乎最佳”的定价系统，即两部分价目表，包括固定费用部分和可变定价部分，其中可变定价部分随着边际成本的变化而变化。

温斯顿（Whinston，1990）、纳勒巴夫（Nalebuff，1999，2000）、巴科斯和布林乔夫森（2000）考察了捆绑的进入壁垒效应。还是以办公套装软件为例，现在考虑更一般的情形：假设有许多消费者，并且他们对于文字处理器和电子数据表格有不同的估价。通过销售捆绑的办公套装软件，垄断的软件销售者可以获取大量对两种产品都估价很高的消费者和部分仅仅对一种产品估价很高的消费者。如果某个竞争者正考虑进入这两个市场中的任何一个市场，他将会发现那些最有吸引力的顾客已经被夺走了。因此产品的剩余需求大大减少，从而进入市场的决定不是一个有吸引力的策略。

在许多情况下，潜在的进入者采取有效竞争的唯一方法是提供两种产品的捆绑产品。但是，这不仅显著地增加了研发成本，而且使得捆绑产品市场的竞争更加激烈——对于进入者来说这并不是一个美好的结果。当Sun公司决定以StarOffice产品——作为微软办公软件的竞争产品——进入办公套装软件市场的时候，它将这套产品定价为零，并承认只有采取这个看起来极具戏剧性的价格，才能与微软的领先地位相抗衡。

# 6　转换成本和锁定

当你把福特汽车换成通用汽车时，这样的变化相对来说不会让你觉得难受。但是，如果你从 Windows 操作系统转换为 Linux 操作系统，那么代价将会很高。你可能不得不转换文件格式、更换应用软件，并且最重要的是，你不得不花费时间和精力来学习和熟悉新的操作环境。

对于组织机构来说，改变软件运行环境也是代价高昂的。有研究指出，安装企业资源规划系统（ERP）——比如 SAP 系统——的总成本是这个软件购买价格的 12 倍，其中包括硬件升级、顾问咨询以及程序维护等的成本。

转换成本在高技术产业十分普遍，并且有时候成本尤其的高以至于转换供应商实际上是不现实的，这种情况就是所谓的“锁定”。

经济学文献已经广泛深入地研究过转换成本和锁定问题。例如，参见 Klemperer（1987，1995）、Farrell and Shapiro（1988，1989）、Beggs and Klemperer（1992）。最近的研究成果对这些早期研究进行了有用的概述。夏皮罗和范里安（1998a）考察了一些与转换成本和锁定相关的商业策略。

## 6.1　关于锁定的简单分析

考虑如下一个简单的两阶段模型①，该模型来自于克莱佩雷（Klemperer，1995）。假设有 $n$ 个消费者，每一阶段每一个消费者愿意支付 $v$ 来购买一个非耐用产品；有两个生产者，以相同的不变边际成本 $c$ 生产产品。生产者需要在不同阶段采取不同的价格策略。

为了从一个厂商转向另一个厂商，消费者必须支付 $s$ 的转换成本。我们假设 $v \geqslant c$，但是 $v+s<c$，所以每一个消费者能够获得一定的支付，从而购买这种产品而不是转向别的厂商。②

在第二阶段，唯一的纳什均衡是，每一个厂商将价格设定为垄断价格 $v$，获得利润 $v-c$。在第二阶段，厂商可以获得完全的垄断利润，因为消费者被“锁定”了，这意味着消费者的转换成本很高，以至于竞争的销售者

① 两阶段模型，从厂商角度而言，第一阶段为了锁定消费者而采取竞争价格策略，第二阶段为了获取超额利润而采取垄断价格策略。——译者注

② 在第一阶段，厂商为了锁定消费者，会让渡部分价格给消费者。——译者注

不能够提供一个足够低的价格来使消费者转移。下面，我们先考察几个现实世界中的例子，然后讨论第一阶段价格是怎么决定的。

## 6.2 争夺顾客的竞争

当转换成本相当高时，为了吸引新的顾客，竞争将会变得很激烈，因为一旦顾客被锁定，销售者可以获得持续的收益。人们都有这样的经历，购买了一台又好看又便宜的喷墨打印机，仅仅几个月之后发现新换的墨盒价格几乎是打印机价格的一半。明显的事实是，不是墨盒太贵而是打印机太便宜了。当然，也可以说是打印机之所以这么便宜是因为墨盒如此的贵。打印机制造商遵循了这个久经时间考验的策略：为出售刀片而赠送剃须刀。

据《商业周刊》(*Business Week*)报道，2000年惠普打印机供应部门的销售额为24亿美元，营业利润估计达5亿美元；而惠普的其他业务营业收入虽然达92亿美元，却亏损了1亿美元。据报道，喷墨打印机墨盒的利润率超过了50%(Roman，2001)。

与此类似的一个例子是，据考埃尔(Cowell，2001)报道，在2001年的第二季度，SAP公司的利润上升了78%，甚至在技术萧条期间都保持了利润增长。他解释道，“因为SAP公司拥有大约14 000名老顾客，因此它能够向他们出售升级版的软件……”。

奥苏贝尔(Ausubel，1991)以及金、克利格和韦尔(Kim，Kliger and Vale，2003)考察了信用卡市场和银行信贷市场上的转换成本，他们认为转换成本很重要。在银行信贷的例子中，转换成本几乎是平均贷款利率的1/3。

陈佩瑜和希特(Chen Pei-yu and Hitt，2001)采用了一个随机效用模型分析了与网上经纪公司相关的转换成本。他们发现，在他们的模型中，产品供应宽度[①]是唯一的最好的解释变量，而人口统计特征变量并不是有用的预测变量。这个结论很重要，因为产品供应宽度是经纪公司可以控制的。如果经纪公司能够以合理的价格供应类型多样的产品，那么将有助于减少顾客转换的可能性。

正如这些例子所表明的，锁定可以给厂商带来丰厚的利润。但是，由于争夺顾客的竞争对于消费者相当有利，所以转换成本也并不会明显地降低消费者福利。例如，那些使用打印机次数远远低于平均水平的消费者，

① 产品供应宽度即指产品类型的数量。——译者注

其福利因为打印机价格降低而明显得到了改善，尽管他们不得不为墨盒支付较高的价格。

对于 SAP、微软或者 Oracle 之类的公司来说，情况可能有点不同。这些公司承受着“锁定用户带来的负担”，一方面它们想要向现有顾客索取高价格（由于较高的转换成本），另一方面也想争夺新顾客（因为这能使它们锁定顾客，而长时间的留住顾客有助于将来的利润流）。这使得公司自然愿意采取有利于新顾客的价格歧视，并且经常采取这样的策略。

尽管克莱佩若承认，在大多情况下消费者福利既可能改善也可能恶化。但是克莱佩雷（1995）得出的结论是，转换成本通常会恶化消费者福利：在产品生命周期内，销售者通常会提高产品价格，从而减少了市场进入，造成了无谓损失。

## 6.3　关于争夺顾客的竞争的分析

回到 6.1 小节里提到的模型。为了简单起见，假设贴现率为零，所以销售者关心的只是两个阶段的利润之和。在这种情况下，每一个厂商在第一阶段都愿意支付 $v-c$ 来争夺一个消费者。

伯川德竞争（Bertrand competition）使得每一个厂商的收益现值为零，第一阶段的价格为 $2c-v$。① 第二阶段的垄断收益越高，第一阶段的价格就越低，这是厂商为了获得垄断地位而相互竞争的必然结果。

如果假设两个阶段的产品是部分可替代的，而不是完全可替代的，我们将会得到一个不那么极端的结果。但是为了确保消费者在第二阶段已经被锁定，第一阶段的价格通常仍然会较低。关于这个问题的详尽分析，参见 Klemperer（1989，1995）。

由于第二阶段转换成本较高，因而第一阶段的价格较低。其实这个结论严重依赖于销售者不能控制第二阶段价格的假设，注意到这点很有价值。如果销售者能够控制第二阶段的价格，这个两阶段模型就成了单阶段模型，也就是通常的伯川德模型那样。在这里讨论的具体模型中，因为厂商之间的相互竞争，两个阶段的价格总和将会下降为 $2c$。②

---

① 第一阶段价格为：$p_1=c-(v-c)=2c-v$。——译者注

② 两个阶段价格总和：垄断的情况，$p_1+p_2=(2c-v)+v=2c$；竞争的情况，$p_1+p_2=c+c=2c$。——译者注

## 6.4 转换成本和价格歧视

在转换成本的例子里，通常涉及专用产品供应，比如喷墨打印机墨盒。在这个例子中，转换成本是购买一台新打印机的成本。在购买打印机之前，打印机产品市场是竞争性的，但是由于墨盒是不兼容的，所以在购买打印机之后，市场变成了垄断的。

这种情况也可以被看做是一种价格歧视。消费者关心的是打印机的价格和墨盒的价格。如果所有消费者都是同质的，垄断者能够控制产品将来的价格，那么垄断者会将墨盒的价格设定为等于墨盒的边际成本，同时运用他在打印机市场上的垄断力量对打印机采取垄断定价。这就是奥伊（Oi，1971）和施马尔兰森（Schmalensee，1981a）提到的两阶段价目表问题。

假设有两种类型的消费者——高需求的和低需求的。墨盒的价格为 $p$，边际成本为 $c$，高需求类型的消费者的需求函数为 $x_H(p)$，低需求类型的消费者的需求函数为 $x_L(p)$。低需求类型的消费者的间接效用函数为 $v_L(p)$。那么垄断者的利润最大化问题为：

$$\max_{p} 2v_L(p)+(p-c)[x_H(p)+x_L(p)]$$

因为 $v_L'(p)=-x_L(p)$，我们可以写出一阶条件为：

$$p-c=\frac{x_L(p)-x_H(p)}{x_L'(p)+x_H'(p)}$$

因此，高需求者和低需求者的需求量之差越大，价格和成本之差越大。消费者的购买数量自动揭示了他们的类型，所以销售者可以通过消费者的购买量而不是最初的购买价格来进行价格歧视，从而获得正的价格成本差。

# 7 供给方规模经济

我们已经指出，许多与信息技术相关的企业，具有较大的固定成本和较小的边际成本甚至零边际成本的成本结构。用专业术语说，这些企业是“自然垄断”（nature monopoly）企业。在许多教科书里，解决自然垄断的方法是政府管制，但管制本身也会产生无效率。在高固定成本低边际成本的产业中，社会损失可能比通常认为的要小很多，原因可能有以下几点：

第一，与教科书中关于竞争的例子相比，现实世界中的竞争更有活力。在教科书里，首先假设存在一个垄断者，然后开始进一步的分析，但是很少考察垄断者是怎样产生的。

第二，如果市场份额最大的厂商拥有最显著的成本优势，那么每一个厂商都会为成为最大的企业而激烈竞争，而消费者会从竞争中获益，正如6.2小节所描述的那样。亚马逊公司相信，无论正确与否，对于网上零售来说，规模经济十分重要。当亚马逊公司忙于占有市场份额的时候，消费者从较低的价格中获得了好处。

第三，信息技术降低了厂商的固定成本，因此降低了许多市场中厂商的最小有效规模（minimum efficient scale）。版面设计过去只是专业技术人员能够完成的任务。现在，任何一个拥有中档配置的电脑的人都可以完成相当专业的设计。桌面出版系统的出现，则引起了大量新进入者涌入杂志出版行业。当然也可能有其他的原因，比如杂志出版产业中存在范围经济和规模经济，所以许多新进入者在进入之后获得了成功；参见 Kuczynski (2001)。

对于其他内容产业来说，也会出现相同的情况。比如电影制片产业，数字视频技术显著地降低了制片成本，而人们对内容的多样性需求很大。甚至芯片制造也受到了影响：研究者正在研究运用现成的喷墨打印机将集成电路打印在金属膜上，这种生产过程可能会剧烈地改变这个产业的经济状况。

当成本迅速下降并且市场快速成长时，新进入者往往能够通过技术跨越来克服垄断厂商的成本优势。即使市场份额最大的厂商在任何时候都拥有成本优势，如果市场每年以40%的速度增长，市场格局仍会很快发生变化。Wordstar 和 Wordperfect 曾经占领着文字处理器软件市场，而 Visicalc 和 Lotus 曾经统治着电子数据表格软件市场，但是仅仅拥有市场份额并不是成功的保障。

克里斯坦森（Christensen，1997）强调了“破坏性技术”的作用：低成本并且最初低质量的发明创新，赶走了产业中本来地位稳固的垄断者。比如驱动器中的冗余磁盘阵列、低成本的复印机、喷墨打印机以及类似的发明。就像自然界的生物讨厌真空一样，发明者和创业者讨厌垄断者，他们在垄断技术的阻碍下通过大量的投资来进行发明创新。这样的投资可能最终变成了无谓损失，但是有时候也会带来偶然的发明。

例如，人们曾经花了大量资金围绕静电复印技术进行新的技术发明，而喷墨打印机就是成果之一。这种喷墨打印技术在黑白复印方面绝对不能与静电复印技术相竞争，但是对于彩色打印，喷墨打印技术是一种比静电复印技术更具有显著成本优势的技术。

第四，我们也应该记住，在许多平均成本下降的产业里，都存在某种形式的耐用品。个人计算机和操作系统在功能过时之前早已技术过时了。在这些产业中，销售者需要不断地说服用户进行产品更新，所以对于供应商来说，为了扩大产品安装基础的竞争加剧了。[①] 由科斯（Coase，1972）提出的“耐用品垄断”理论并不仅仅是理论上的构想，在圣何塞市（San Jose）和雷德蒙德市（Redmond）这是人们相当关心的一个话题。

最后，我们需要指出的是互补产品生产者之间的价格竞争。对于终端用户来说，信息系统产品的成本取决于各部件价格总和，所以每一个部件的生产者都希望其他部件的价格较低。硬件制造商想要软件的价格低廉，反之，软件生产者想要硬件的价格低廉。关于这一问题，我将在第 10 节进行更加深入的分析。

下面进行一个小结。尽管供给方规模经济可能导致产业更集中，但是这并不会像人们通常认为的那样对消费者不利。价格定律（price discipline）仍然通过至少四种不同途径起着作用：

> **获取垄断的竞争：**在大多数情况下，厂商为了获取垄断地位而相互竞争，从而迫使价格至少在一段时间里得到下降。然而，这样的竞争也可能产生无效率的租金浪费，正如弗登伯格和梯若尔（1985，1987）、希尔曼和赖利（Hillman and Riley，1989）以及我们下面将要说明的。
>
> **固定成本的减少：**在大多数情况下，随着时间的推移，信息技术将有助于减少固定成本，使得进入者越来越多，特别是在那些对产品多样性需求很大的产业里。甚至在一般的商品市场上，成本的快速下降和市场的迅速增长为竞争和破坏性技术提供了肥沃的土壤。
>
> **同自己先前产品的竞争：**通常，厂商自己的产品安装基础是

① 为了吸引更多用户，供应商除了采取价格竞争之外，还会在售后服务、产品升级等方面展开竞争。——译者注

一个难对付的竞争者。特别是当技术进步很快时，厂商还没来得及充分利用这种技术，这种技术就已经过时了。

**来自互补产品的压力：**互补产品销售者希望系统产品中其他的互补产品价格较低，并且采取各种方法向其他销售者施加压力，这种“合作竞争”是一种强劲的市场力量。布兰登博格和纳勒巴夫（Brandenburger and Nalebuff，1996）考察了几种结果；我将在第 10 节做进一步分析。

## 7.1　竞争和福利

除了以上四种经济效应之外，我们还可以得到一个推论：在一个成熟的产业里，如果存在很大的固定成本，那么均衡价格通常会超过边际成本，从而产生了传统的市场无效率。关于这个问题的扩展分析，参见 Delong and Froomkin（2001）。

然而，需要记住的是，即使在静态模型中，市场有效率的条件也应该是边际价格等于边际成本。如果信息产品（或者芯片或者其他产品）对不同的消费者按照不同的价格出售，逐利行为可能导致这样一种结果：低支付意愿的消费者最终面临很低的价格，这意味着效率损失并不是很大。

传统的垄断理论认为，垄断带来了无谓损失和生产者剩余增加，如图 2（a）中 DW 和 PS 所示。然而，完全价格歧视消除了无谓损失，同时为了获得垄断权的竞争使得垄断租金转移给了消费者，如图 2（b）所示。

福利经济学第一定理和第二定理认为：（1）竞争均衡是帕累托最优的；（2）在一定的凸性假设下，每一个帕累托有效的结果都对应着一个竞争均衡。在高固定成本和低边际成本条件下，竞争均衡可能不存在，所以与第一定理不相关。同时，所要求的凸性条件可能不成立，所以也与第二定理不相关。

但是，图 2（b）显示了我们称为福利经济学第三定理和第四定理的情形：（3）进行完全价格歧视的垄断者自身可以获得所有的剩余，从而生产帕累托有效的产量；（4）进行完全价格歧视的垄断者之间的竞争使剩余转移给了消费者，从而产生了与完全竞争情况下相同的结果。

当然，这在任何一本中级微观经济学教材里都有规范的论述。但是，令人感到吃惊的是，更高级的理论著作几乎很少涉及这些内容。这些“定

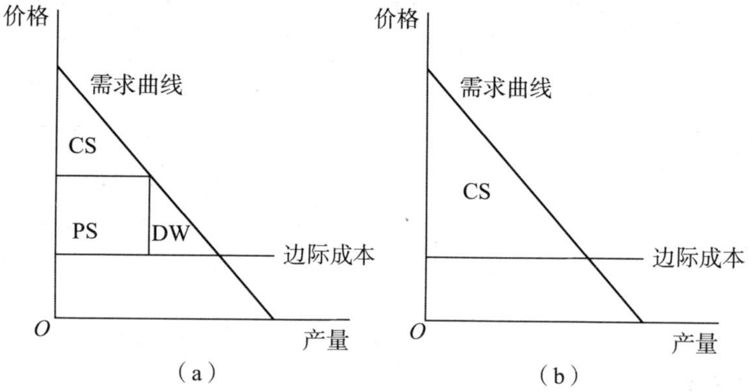


**图 2　(a) 一般情况下的垄断；(b) 完全价格歧视下的垄断**

理”还没有被精确地表述过，尽管我们可以明确写出一些这些定理在其中成立的模型。实际上，价格歧视从来达不到完全歧视的程度，同时为了获得垄断地位的竞争也并不是没有代价的。我们需要再次指出的是，福利经济学第一定理和第二定理的前提假设在现实中也不能完全得到满足。

正如福利经济学第一定理和第二定理一样，福利经济学第三定理和第四定理应该被看做是一种理想情况：在某种条件下，市场力量能够实现最佳的均衡结果。实际上，人们不应该认为较大的供给方规模经济必然导致消费者福利减少，特别是在那些存在价格歧视和激烈竞争的市场环境里。

## 7.2　获取垄断地位的竞争

即使在图 2 (b) 所描绘的理想状态下，我们应该记住，为了获取垄断地位的竞争涉及两个方面的重要问题。第一个与竞争的维度选择相关，第二个与竞争的规则相关。

### 7.2.1　竞争的货币策略

福利经济学第四定理认为，获取垄断租金的竞争会使消费者获益。如果厂商的决策变量是产品价格，这可能是正确的。其他决策变量比如技术创新、产品质量等等也对消费者有利。但是，厂商也可能在其他维度上进行竞争，从而产生对消费者来说不那么有利的结果，比如政治游说、产品囤积、进入冲击等。

有许多研究这些问题的经济学文献。不过，这些文献在研究方法上存在一个缺陷，就是假设厂商只在一个维度上进行竞争：向官员贿赂、价格竞争、质量竞争、进入时机选择等等。实际上，厂商有很多竞争维度，有一些竞争使得报酬转移给了消费者（比如价格竞争），有一些竞争使得报酬转移给了第三方（比如贿赂），还有一些竞争导致了纯租金浪费（比如过剩的产能投资）。厂商可能同时在这些维度上进行竞争。

我相信关于竞争的维度选择问题在经济学文献里面还没有受到足够的注意，而这将是未来的一个富有研究成果的领域。这也与竞争政策制定有很大关联。从获取垄断的竞争角度来看，促销定价或者采用劣等技术都会使厂商成本增加，但是对消费者福利的影响却有很大的不同。如果制定一个政策使得竞争的结果是报酬转移给了消费者而不是纯租金浪费，那么这显然是一个很好的政策。

例如，假设有一种能够带来某种垄断势力的资源。如果政府将这种资源公开拍卖出去，而不是允许厂商采取引起租金浪费的货币策略比如政治游说来竞争这种资源，这种政策会更有意义。当然，这也是最近几十年各种私有化政策尝试的部分理论依据，只不过公开拍卖的形式更加常见。另一个重要的例子是知识产权强制许可证，如果交易的协商成本很高，那么这种知识产权保护政策将变得很有用。

通常来说，竞争是一件好事，但是有时候也需要政府管制来确保竞争的结果有利于社会福利。赛跑的目的是看谁跑得最快，而不是看谁最擅长于绊倒对手或者在计时器上作弊。

### 7.2.2 博弈规则

即使竞争的货币策略不会导致过度租金浪费，竞争采取的形式——博弈规则——对于垄断者的价值如何转移给消费者，也有十分重要的影响。将竞争形式模型化的一种可行方法是，将垄断看作一个用于拍卖的奖品。不同的拍卖形式对应着不同的竞争形式。

例如，企业资源规划系统（ERP）的两个生产商竞标为世界500强的公司安装企业资源规划系统。这可以被模型化为英式拍卖（English auction）模型，出价最高的竞标者获得垄断权，但是支付次高的竞标价格。如果两个竞标者有不同的成本结构，而销售同质的产品，那么获胜的竞标者仍然会获得部分剩余。

或者，我们可以考虑一个每个人都需支付的拍卖（everyone pays auction）模型，例如专利竞赛或者占领市场的竞赛。在这种情况下，每一个参与者都需要支付，并且我们假定支付最高的参与者获得垄断权。

假设参与者 1 对于奖品（垄断权）的估价为 $v_1$，参与者 2 的估价为 $v_2$，并且我们假设这是共同知识。当参与者信息对称时，则 $v_1=v_2$，参与者的总支付等于奖品的期望价格。

当参与者信息不对称时，均衡结果很有意思。估价最高的参与者总是会参与竞标；而估价次高的参与者仅仅以 $v_2/v_1$ 的概率参与竞标。如果相对于 $v_1$ 来说 $v_2$ 很小，那么均衡的预期支付为 $v_2/2$，这是英式拍卖支付的一半。关于这个博弈的完整分析，参见 Hillman and Riley（1989）；对这个博弈的总结性分析，参见 Riley（1999）。

这种差别产生的原因是，在均衡策略里，对于垄断权只有很低估价的参与者通常根本不会参与竞标。这就导致了高估价的参与者削减竞标价格，结果降低了拍卖收益，按照我们的说法，即转移给消费者的剩余减少了。

第三个拍卖模型是消耗战（a war of attrition）模型，即两个参与者相互竞争直到有一个出局。赖利（Riley，1999）详细分析了这个博弈，并且证明了存在一个混合均衡策略。他提出了一个均衡策略选择命题，即选择一种均衡使得低估价参与者立刻出局。在这种情况下，高估价参与者根本不用竞争就获得了垄断权。

例如，两个厂商为了获得市场份额，决定将产品定价低于边际成本，就像在锁定模型中那样。如果两个厂商都知道，其中一个厂商比另外一个厂商对垄断权的估价高很多，这可能是因为生产成本明显较低。在这种情况下，不难相信对垄断权估价较低的厂商在开始的时候就会放弃竞争，因为他知道自己不能够有效地与对手竞争。

这对于获胜的公司来说是一个愉快的交易，而对于消费者来说是一个糟糕的交易，因为消费者没有从为了获得最终垄断权的竞争中获得好处。

从“每个人都需支付的拍卖”和“消耗战”中获得的经验是，如果所有参与者都必须为了竞争而支付，那么最终的结果是竞争者变少了，因此转移给消费者的好处也变少了。从全社会的角度来看，只有获胜者需要最终支付的拍卖形式才更好。

很显然，存在许多不同的竞争模型，而不同的模型对于剩余如何在消费者和竞争垄断权的厂商之间的分配具有不同含义。我已经论述了一些可能的情况，但是还有许多其他的情况（例如在可竞争市场中进行分析），我认为这是将来一个有前景的研究领域。

最后，值得一提的是，我观察到，在某种条件下，为获取实行价格歧视的垄断权而竞争，将导致租金消散。如果这种租金消散包含向消费者提供很大的折扣，那么消费者在竞争阶段所得的剩余可能至少在某种程度上能够弥补前述锁定模型中消费者在垄断阶段的损失。但是，这里显然存在一个时间一致性问题。甚至在福利经济学第四定理的理想情况下，虽然上一代人获得了好处，但是下一代人可能不会对垄断力量采取默许态度。我父亲从 Lotus 1－2－3 或者 Wordperfect 中得到很大好处并不能给我多少安慰，因为我不得不为这些东西的后继产品支付较高的价格。①

## 8　需求方规模经济

需求方规模经济也被称为“网络外部性”（network externalities）或者“网络效应”（network effects），因为需求方规模经济通常出现在网络产业里。正式地说，如果一种产品的需求依赖于其他购买者的数量，那么这种产品就表现出了网络外部性。一个经典的例子是传真机，另外可视电话和电子邮件也有相同的特征。

大多数经济学著作中都区分了“直接网络效应”（direct network effects）和“间接网络效应”（indirect network effects）。上面提到的几个例子就是直接网络效应。间接网络效应，有时候也被称作“鸡生蛋、蛋生鸡问题”。我不关心你是否有 DVD 播放器，因为这不会直接影响我的 DVD 播放器的价值。但是，越多的人拥有 DVD 播放器，市场将会供给越多的 DVD 内容产品，这才是我所关心的。所以，你购买 DVD 播放器间接地提高了我的 DVD 播放器的价值。

间接网络效应在高技术产品产业里十分普遍。目前的挑战包括家庭宽带设备及其应用软件、3G 无线设备及其应用软件。在每一种情况下，基础设施和硬件设备的需求依赖于应用软件的可获得性，反之亦然。根据产业经济专家的看法，治疗现阶段萧条②的一种方法是采用一种新的终结者应用

---

① 根据维基百科的资料，Lotus 1－2－3 是 Lotus Software（美国莲花公司）于 1983 年起推出的电子数据表格软件，在 DOS 时期广为个人电脑使用者所使用。但在 Windows 兴起后，Lotus 就逐渐消失了。Wordperfect 是一款类似于 Microsoft Word 的文字处理器。其第一个版本由 Satellite Softewace International（SSI）在 1980 年开发。——译者注

② 此处的萧条指的是 2000 年左右发生的互联网泡沫破裂带来的经济衰退。——译者注

软件。即看电影、交互式电视以及移动商务——还有许多候选者，但是投资者很谨慎，因为他们有很好的理由：这里面风险很大。

我将在第 10 节讨论间接网络效应，本节里我将集中分析直接网络效应。

我喜欢使用“需求方规模经济”（demand-side economies of scale）这个术语，因为这很好地与前面讨论过的传统的供给方规模经济相对应。对于供给方规模经济，平均成本随着规模的扩大而递减；而对于需求方规模经济，则是平均收益（需求）随着规模的扩大而递增。前面对获取垄断权的竞争的大部分讨论也适用于对需求方规模经济的分析。

当存在网络效应时，通常会产生多重均衡。如果某种网络产品没有一个使用者，那么它将没有价值，从而没有人想要它。如果有足够多的使用者，那么这种产品就变得有价值了，所以会有更多的人使用它，从而使得它更有价值。因此，网络效应产生了正反馈。

我们可以将这个过程用一个简单的供给—需求图来表示。如图 3 所示，网络产品的需求曲线（或者，更精确地说是“满足预期的需求曲线”）通常用一条拱形的曲线表示。随着使用者人数的增加，因为正的网络外部性，产品的边际支付意愿也会增加；最后，由于通常的边际效用递减效应，消费者的支付意愿逐渐下降，需求曲线开始下降。

如图 3 所示，供给曲线具有完全弹性，供给曲线与需求曲线相交产生了三个均衡点。按照通常的动态分析，当需求大于供给时，销售量增加；当需求小于供给时，销售量减少。所以，两端的均衡点是稳定的，中间的均衡点是不稳定的。

因此，中间的均衡点是“关键大多数”（critical mass）。如果产品市场能够使销售量超过关键大多数，那么就会产生正反馈，从而使产品迅速走向成功。但是如果产品的销售量从来没有达到关键大多数，那么产品市场注定会回到稳定的零需求—零供给均衡。

考虑一个产品价格很高但随着时间逐渐降低的产业，比如说传真机产业。如图 3 所示，随着产品价格逐渐下降，关键大多数将变得越来越小。最后，由于随机波动或者某种精心谋划的市场策略，产品的销售数量将会超过关键大多数。

尽管这个例子让我们兴奋激动，但是我必须承认引起这种动态变化的原因相当的特别。在网络产业里，如果人们能够更加系统地分析动态变化的起因，那么将是一件很好的事情。但是，不幸的是，当遇到动态情形时，

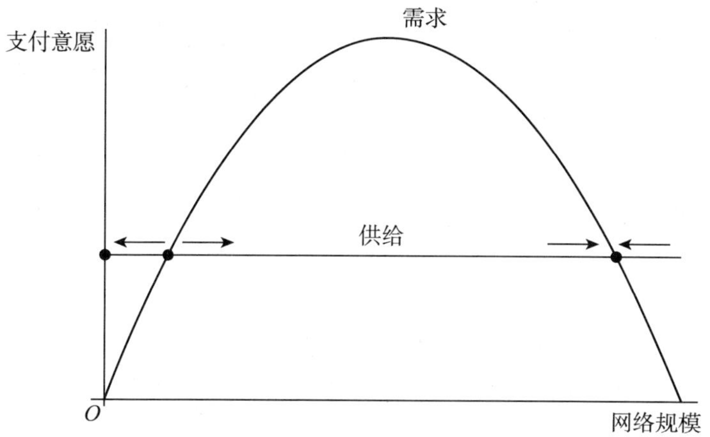


**图 3 网络产品的需求—供给图**

微观经济学理论是出了名的薄弱，并且还没有足够多的经验分析来确切地说明什么样的动态规则有意义。问题是，对于大多数网络产品，数据收集的频率太低，以至于我们难以捕捉这些产品的有意思的动态情况。

在图 4 中，我们可以看到 20 世纪 80 年代和 90 年代初美国传真机的平均价格和数量变化情况。我们注意到在 20 世纪 80 年代中期，传真机价格剧烈下降，同时需求量剧烈上升。这与上面的说法是一致的，但是难以令人信服。埃克诺米德斯和希梅尔伯格（Economides and Himmelberg，1995）试图运用这些数据来估算他们构建的模型，但是正如他们所承认的，很难处理样本较少的时间序列数据。

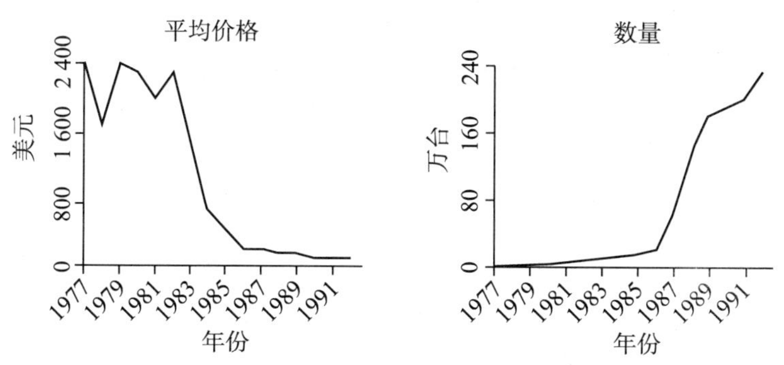


**图 4 传真机的平均价格和数量**

还有一些人也进行了经验分析，他们尝试采用横截面数据来研究网络产品模型。古尔斯比和克伦诺（Goolsbee and Klenow，2000）考察了家用电脑的购买受什么因素影响，他们发现朋友和邻居购买电脑的决定是一个显著的影响因素，甚至在控制了收入、价格以及人口统计因素的影响之后。

所有这些例子都涉及网络外部性，而对于竞争性产业中的兼容性产品（传真机、电子邮件以及类似的产品）而言，通常具有这种网络外部性。罗尔夫斯（Rohlfs，1974）是最早从经济学角度研究这个问题的；他受到了美国电话电报公司（AT&T）一款名叫 Pictare Phone 的失败产品的启发。

卡茨和夏皮罗（1985，1986a，1986b，1992）考察了在寡头垄断模型中网络外部性的影响，在其模型中厂商的技术选择是一个关键的策略变量。埃克诺米德斯（1996）以及卡茨和夏皮罗（1994）对相关文献进行了很有意义的评述；罗尔夫斯（2001）考察了网络产业发展史，发现其中网络效应起了重要作用。

在一些高技术产业里，网络效应相当重要。以软件比如文字处理软件为例。如果你正考虑学习如何使用某种文字处理软件，那么你将很自然倾向于选择那个占有最大市场份额的软件，因为这样你将很容易和其他使用者交换文件，也更加容易处理多人合写的文档，并且当你遇到问题时也很容易获得帮助。如果你正考虑选择某个操作系统，那么你将很自然地选择能够兼容大多数对你有意义的应用软件的那个操作系统。从上面的两个例子可以看到，第一个应用软件的例子显示了直接网络效应，第二个操作系统与应用软件的例子显示了间接网络效应。

由于许多软件产品也显示出供给方规模报酬递增，正反馈效应可能特别强烈：越多的销售量使得单位成本越低，同时对新顾客吸引越大。一旦厂商用某种特别的产品确立了市场统治地位，那就很难撼动它了。

在著名的微软反垄断案中，这种效应被称作“应用软件进入壁垒”。关于该案例中涉及的这些概念的分析，可以参见 Gilbert and Katz（2001）、Klein（2001）以及 Winston（2001）。

网络效应也与我前面提到的两种市场力量有关：价格歧视（price discrimination）和锁定（lock-in）。

当存在网络效应时，早先的使用者可能比后来的使用者对于网络产品的估价要低。因此，销售者可以向早先的使用者索取较低的价格，这种情况通常被称为“渗透性定价”（penetration price）。

网络效应也有助于锁定。靠公路右边行驶的人越多，对于我来说，遵守这个规则就越有价值。反过来说，如果所有人同时靠公路左边行驶，那么这也是最有效的。不过，在这个例子里，转换成本等于在成千上万个人之间进行协调的成本，这是一个极大的转换成本。

## 9　标准

如果说网络的价值依赖于网络规模的大小，那么网络产品的相互连接和/或标准化成为了一个重要的策略选择。

通常来说，那些已经建立产品网络或者拥有专利标准的处于统治地位的厂商不愿意与其他厂商相互连接。在 19 世纪 90 年代，贝尔系统（Bell System）拒绝任何和它竞争的公司使用它的长途电话业务。1900 年至 1912 年，马可尼国际海运公司（Marconi International Marine Corporantion）允许顾客租用它的运输设备，但是并不出售运输设备，并且拒绝与其他运输系统进行相互连接。1910 年至 1920 年，福特公司对于汽车零部件标准化不感兴趣，因为它已经是一个处于统治地位、垂直一体化的公司。更近的例子是，微软公司因为在行业标准方面坚持采用自己的标准而变得名声很差；美国在线公司（America Online）不愿意别人使用它的即时短信系统。

然而，对于处于统治地位的厂商来说，标准并不总是那么讨厌。在某些情况下，标准化能够给厂商带来很大收益，甚至纯粹从个人利润最大化的观点来看，标准化也是值得的。

夏皮罗和范里安（1998a）采用了下面这个简单的方程来解释这种情况：

你的产品价值＝你的市场份额×产业总价值

当“产业总价值”强烈地依赖市场规模时，采用某种标准可能会明显增加产业总价值，从而弥补市场份额被稀释所造成的损失。

贝森和法雷尔（1994）对研究标准形成的经济学文献进行了综述。他们假设两个竞争厂商各自拥有不兼容的标准，然后通过集中讨论这两个厂商的标准采用问题，阐述了形成标准的策略问题。比如日本胜利公司的家用录像系统技术（VHS）和索尼公司的盒式录像机技术（Sony Betamax）相互竞争家用录像机的录制和播放标准。每一种技术都表现出了网络效应，在这个具体的例子里是间接网络效应。

根据贝森和法雷尔（1994），我们将要讨论厂商制定标准的三种竞争策略：

标准战：两个厂商通过竞争来决定标准。

标准协商：两个厂商都希望有一种标准，但是对于采用什么样的标准存在不同意见。

标准领导：市场中存在一个拥有专利标准且处于领导地位的厂商，另外一个厂商希望采用这个存在的标准。

## 9.1 标准战

关于标准战，贝森和法雷尔（1994）提到了厂商通常采取的一些竞争策略，比如：（1）为了较早建立领先地位，采取渗透性定价；（2）与互补产品供应商建立联盟；（3）进行预期管理，例如夸大市场占有份额或者进行产品预告宣传；（4）承诺在将来降低产品价格。

我们不难找到与这些竞争策略相对应的例子。渗透性定价已经在上文中提到过。关于建立联盟策略，DVD 论坛是最近的一个很好的例子。DVD 论坛通过协商成功地在电子产品产业（主要在日本）统一了 DVD 的标准格式，并且与电影制片公司合作，确保消费者能够以较低的价格获得足够多的格式统一的内容产品。

DVD 播放器取得了巨大的、令人难以置信的成功。尽管不像盒式磁带录像机（VCR）基于成熟的地位和稳固的技术那样，DVD 播放器只是一个只读设备，没有单独的价值，但是 DVD 播放器成功地与盒式磁带录像机展开了竞争。在盒式磁带录像机已经占领了市场的情况下，对于 DVD 播放器来说，触发（间接）网络效应就特别的困难。不过，DVD 论坛在推动 DVD 降低价格和阻止 Dvix 技术对于 DVD 标准的威胁等方面做了非常出色的工作（Dranove and Gandal，2000）。

好莱坞的电影公司坚持声称它们将不再提供 DVD 产品内容除非有一种通用的 DVD 格式，这也部分地有助于索尼公司和飞利浦公司在知识产权许可证交易方面的协商。但是，好莱坞对于可写 DVD 标准的兴趣较小——实际上，据说它完全反对统一的可写 DVD 标准。由于没有“裁判”，DVD 产业分裂出了三种不兼容的标准。我们正在目睹一场暗流涌动的标准战，参与者包括索尼公司和东芝公司，这场标准战酝酿着新一代的 DVD（Dvorak，Wingfield and McBride，2004）。

预期管理十分普遍。当速率为 56Kbit/s 的调制解调器存在两种相互竞争的标准时，每一个生产商都打广告说自己占有 80%的市场份额。在标准战中，你能够真实地感受到，人们希望胜出的产品将会获胜。没有人想被一个不兼容的产品绊住，所以使潜在的用户确信你能够赢得标准是十分关键的。

对即将推出的产品进行预告宣传也是一个很好的策略。但是这也可能带来风险，因为顾客可能会为了等待新产品而延迟购买你目前的产品。例如，在 20 世纪 80 年代中期，Osborne 公司的便携式电脑产品就出现过这样的情况。

最后一种策略是保证在将来降低产品价格。当微软公司推出 IE 网页浏览器时，它宣布 IE 是免费的并且永久免费。这对于消费者来说是一个有利的信号，即使他们使用微软的网页浏览器也不会被锁定。网景公司与此相对抗，宣布它的产品将永远是开源的。两个竞争者都使出了浑身解数，但是似乎微软的市场力量更强大。

## 9.2 标准协商

标准协商问题类似于经典的夫妻博弈（battle of the sexes）：相对于没有标准，参与者喜欢有一种标准；但是相对于对方的标准，参与者更喜欢自己的标准。

正如任何讨价还价问题一样，均衡结果在很大程度上依赖于威胁点——协商破裂后各方所获得的支付。如果协商失败了，实力较强的一方将会从竞争对手那里获得更多的让步。因此通常会发现，厂商为了保持标准优势，甚至在忙于标准协商时，仍然会继续研发专利标准。

标准有时候是在官方标准制定机构监管下协商制定的，比如国际电信联盟（ITU）、美国国家标准协会（ANSI）、因特网工程任务组（IETF）以及许多其他官方机构。这些官方标准制定机构具有标准制定经验和权威，然而它们制定标准的速度太慢。所以最近几年中，成立了许多特设的标准制定机构来制定某种单独的标准。由特设机构制定的标准可能没有传统官方机构制定的那么好，但是标准制定的速度通常很快。关于互联网和网页的标准制定的分析，参见 Libicki et al.（2000）。

当然，在标准协商中经常存在不信任问题，这很好解释。通常，参与标准协商的厂商需要披露与协商有关的它所拥有知识产权的任何技术。这些技术可能最终被并入最后的标准，但是仅仅在达成协议，成为“公平合理的非歧视性条款”之后。但是，我们经常看到，厂商在这种标准协商中没有披露所有相关信息，导致了由厂商背信引起的控诉或者法律诉讼。

对于厂商来说，另一种常用的策略是将标准的制定权交给一个独立的第三方，比如说上面提到的某个标准制定机构。微软公司最近开发出来了一种称为C♯的计算机语言，并且希望能够同Java语言相竞争。微软将这种程序语言提交给了欧洲计算机制造商协会（ECMA）——一家位于瑞士的计算机行业标准制定机构。微软公司正确地意识到，为了让每一个人都能用C♯语言编程，它不得不放弃这种语言的控制权。

然而，实际上微软在多大程度上放开了控制权仍然不清楚。巴布科克（Babcock，2001）报道，C♯语言在某些方面有专利限制，但是只要微软愿意将这些专利写入非歧视条款，欧洲计算机制造商协会并不要求它较早公开这些专利。

## 9.3　标准领导

标准领导的一个典型的例子是，一个地位稳固的规模较大的厂商希望维持自己的专利标准，而一个规模较小的新进入者或者一群规模较小的厂商想要和这个标准相衔接。在某些情况下，专利标准可能受到知识产权法的保护。在另外一些情况下，领导者通过频繁地改变技术将跟随者远远甩在后面。频繁升级的好处是，领导者可以使自己生产的已经安装的产品过时，这也有助于解决我们前面提到的耐用品垄断问题。

跟随者的一个策略是使用适配器（Farrell and Saloner，1992）。调频收音机和调幅收音机从来没有形成一个共同的标准，但是它们现在却在同一个系统里面和谐地共存着。类似地，“不兼容”的软件系统可以通过合适的转换器和适配器来实现交互操作，有些时候在领导者的协助下进行，有些时候没有领导者。

例如，开源社区巧妙地采用逆向工程开发出了与微软标准兼容的适配器。比如，Samba是一款在Unix操作系统机器上运行的软件，通过逆向工程能够在微软的Windows操作系统机器上实现交互操作。类似地，还有许多开源转换器能够兼容微软公司的应用软件（比如 Word 和 Excel）。

### 9.4　标准化的成本优势

研究标准化的经济学文献往往集中在策略选择问题上，但是由于标准化能够带来生产的规模经济并降低风险，从而大大节约了生产成本。汤普森（1954）描述了美国汽车产业的早期发展历史，强调了这些因素。

汤普森指出，福特公司和通用公司最初对标准化并不感兴趣，而规模较小的汽车制造公司对标准化感兴趣，因为这些公司可以通过标准化实现充分的规模经济来与福特、通用竞争。同时，规模较小的供应商也对标准化感兴趣，因为这使得他们可以分散给单一的装配厂商提供特殊的零部件的风险。

汽车工程师协会（SAE）促使了汽车产业的标准化进程，给汽车制造商带来了许多成本优势。20 世纪 20 年代后期，福特公司和通用公司意识到了标准化带来的优势，开始集中力量在互补产品（轮胎、石油等产品）上标准化，并且最终在汽车零部件标准化进程中起了重要作用。

## 10　系统效应

在高技术产业里，通常我们可以看见某些产品只有和其他产品组合成一个系统时才有使用价值：如果没有软件，硬件就毫无用处；如果没有内容产品，DVD 播放器就没有使用价值；如果没有应用软件，操作系统也没有用。这些都是互补产品的例子，互补产品的使用价值依赖于与其他产品一起被使用。

我们讨论过的许多例子都与互补产品相关。在互补产品市场上经常出现锁定，因为消费者需要为互补产品进行投资，比如为了有效率地使用某种产品而参加培训。直接网络效应仅仅是互补产品的一种对称形式：只有当存在许多其他传真机时，传真机才是最有用的。[①] 间接网络效应或者“鸡生蛋、蛋生鸡”问题也是一种系统效应。与互补产品相关的标准需要精心

① 互补产品通常表现出间接网格效应。——译者注

设计，以使得互补产品之间通常能够实现无缝连接（一家制造商的 DVD 光盘能够在另一家制造商的 DVD 播放器上播放）。

互补产品系统给我们提出了许多重要的经济学问题。谁会来整合系统：制造商或者终端用户，还是某个中间商比如代工制造商（OEM）？价值如何在互补产品供应商之间分配？怎样克服瓶颈？产品系统会怎样发展变化？

这个话题太大了，我不能恰如其分地分析所有这些问题。所以，我的讨论将限制在被研究得最多的那个问题上：互补产品的定价问题。

古诺（Cournot，1838）最早研究了这个问题。在这本著作的一章里，古诺分析了互补产品生产者之间的策略选择问题。假设市场上有两个厂商：一个锌垄断生产商和一个铜垄断生产商。这两个厂商向其他许多将这两种金属组合来生产黄铜的厂商供应原料。古诺提出了一个问题，如果铜和锌的生产商合并了，黄铜的价格将会发生怎样的变化。

假设一单位铜和一单位锌相结合生产一单位黄铜。市场竞争将会使黄铜的价格下降到等于黄铜的生产成本，简单地说就是铜和锌的价格之和。那么黄铜的需求函数可以记为 $D(p_1+p_2)$。考虑到我们对于生产技术的假设①，黄铜的需求函数就是铜和锌的需求函数。

考虑铜生产商的利润最大化问题，为了简单起见，我们假设铜的生产成本为零，那么：

$$\max_{p_1} p_1 D(p_1+p_2)$$

同理，对于锌生产商来说，利润最大化问题为：

$$\max_{p_2} p_2 D(p_1+p_2)$$

如果两个互补产品垄断生产商合并了，那么合并后的利润最大化问题为：

$$\max_{p_1,p_2} (p_1+p_2) D(p_1+p_2)$$

古诺证明了互补产品垄断生产商合并之前的产品价格高于合并之后的产品价格。这符合我们的直觉。如果铜生产商降低铜的价格，那么黄铜生

① 即一单位铜和一单位锌相结合生产一单位黄铜。——译者注

产商将会购买更多的锌，因此增加了锌生产商的利润。[①] 但是锌生产商增加的利润对铜生产商没有带来好处，因此铜生产商不愿意降价太多。结果是铜生产商制定一个高于合并后最大化利润时的价格。

但是，如果铜生产商和锌生产商合并了，那么这个合并的生产商将会考虑铜的价格对于锌的需求的影响，因此制定一个比铜生产商和锌生产商相互独立时更低的铜和锌的价格。所以，互补产品生产商合并是一个完全双赢的结果：价格下降使得生产者和消费者状况都变好了。

当然，合并仅仅是协调价格的一种方式，还有其他许多可供选择的方式。例如，考虑铜生产商的利润表达式：

$$p_1 D(p_1 + p_2)$$

$p_1$ 下降可能会增加利润，也可能会减少利润，这依赖于需求弹性的大小。但是在通常情况下，$p_2$ 下降肯定会增加铜生产商的收益。厂商可以采取多种方法使得其互补产品生产商削减产品价格。

**一体化**（integrate）：一个互补产品生产商兼并了另外一个互补产品生产商，合并成一个生产商，这能够使外部性内部化。我们在上面已经讨论了这样的传统的古诺模型。

**合作**（collaborate）：两个厂商共同制定一个收益分享机制，然后由一个厂商制定共同的系统产品价格。例如，如果飞机制造商和发动机制造商在收益分享机制上达成了一致意见，那么飞机制造商将同客户协商整个系统产品的价格。

**协商**（negotiate）：如果一个厂商承诺削减价格，另一个厂商也将削减价格。这曾经很明显地出现在 DVD 产业中，内容产品和播放器都采取了相对较低的价格，因为厂商都意识到较低的系统产品价格是确保人们使用这种产品的关键因素。

**扶持**（nurture）：一个厂商扶持其他厂商降低产品生产成本。例如，Adobe 公司与打印机制造商合作，确保打印机制造商有效地使用它的技术。

**市场化**（commoditize）：一个厂商通过加剧其他市场上的产品竞争，来降低这些市场上产品的价格。例如，微软公司成立了 Windows 兼容性实验室来确保硬件制造商都按照一个共同的标准进行生产。这有助于加剧硬件

① 因为黄铜生产商能够节约铜的成本来购买更多的锌，从而在锌的价格不变的情况下增加了锌生产商的利润。——译者注

产品市场的竞争，从而降低硬件产品价格。

所有这些方法都有助于降低产品价格，从而增加了竞争带来的社会福利。由于我们前面讨论过的许多其他市场力量往往导致较高的产业集中度和市场垄断，所以上面这些降低产品价格的方法就显得特别的重要。当不能通过引入竞争厂商来打破垄断定价时，互补产品生产商有时候能够起作用。

## 11 计算机辅助交易

现在，越来越多的交易在计算机的辅助下完成。正如我们已经看到的，厂商可以利用计算机收集数据来挖掘消费者行为的信息，从而采取各种各样的价格歧视。但这不是处于交易辅助地位的计算机仅有的功能。计算机还能够使厂商在以前无法监测的各个交易环节之间建立契约关系。

例如，考虑录像带出租行业。1998 年以前，分销商向专门出租家庭录像带的出租商店出售预先录制好的录像带。每个录像带的售价大约为 60 美元，远远超过了录像带的边际成本。出租商店自然要购进较少的录像带以节省购买开支，使得人们不得不排队看热门的电影。

1998 年，录像带出租行业出现了一种新的契约形式：电影制片公司直接向出租商店提供录像带，价格在零到 8 美元之间，然后从出租商店的租金收入里面分成，出租商店获得 40%至 60%的租金收入。达纳和斯皮尔（Dana and Spier，2000）、莫蒂默（Mortimer，2001）进一步详细地分析了这些契约关系，并且对契约的特性进行了理论分析和经验分析。莫蒂默（2001）发现，这种契约使得电影制片公司和出租商店的收入都增加了大约 7%，消费者也得到了很大好处。显然，相对于 1998 年以前的分销模式，这种收益分享机制提供了一种较好的契约形式。

关于收益分享机制的一个有趣的事实是，收益分享机制之所以能够实现是因为厂商采用了计算机来记录数据和协调信息。影片租赁连锁巨头 Blockbuster 公司的收银机相当的智能，它能够记录每一个出租影片的名称，同时向中央办公室发送一份可审计的信息报告。这使得交易中的各方能够核实收益是否是按照既定方式分配的。在以计算机为辅助工具的交易中，厂商能够契约化以前无法有效监测的交易环节，从而增加了市场效率。

运用计算机建立新的契约关系的另一个例子是货车运输产业（Hubbard，2000；Baker and Hubbard，2000)。在最近 20 年里，汽车里程记录器和电子车辆管理系统（EVMS）在货车运输产业里得到迅速普及。里程记录器实质上是一种车载计算机，它能够记录司机什么时候启动或者关掉发动机、什么时候加速或者减速、卡车挂空挡的时间、卡车的平均速度，以及许多其他的操作细节。电子车辆管理系统除了拥有上面所有这些功能之外，还能够收集地理位置的信息，同时将这些信息即时发送给调度员。这些功能有助于协调调遣分配，提高运输效率，增强安全保障以及甄别虚假信息，从而使货车运输产业更具成本效益。

随着越来越多的交易采用计算机为辅助工具，各个交易环节的监督成本变得越来越低，这使得越多更加有效的契约形式被采用成为可能。[①]

## 12　总结

一方面，价格歧视、锁定、需求方规模经济、供给方规模经济等市场力量表明，高技术产业往往表现出很高的产业集中度。另一方面，信息技术也有助于降低最小有效规模，从而减少进入壁垒。在某些产业中（比如说休闲娱乐产业）人们喜欢多样性的产品，而信息技术使得厂商能够更加容易地提供多样性的产品。

标准制定是一个重要的政策变量。在专利标准下，一个产业可能被单个厂商控制着。在开放的标准下，可以许多厂商相互合作。例如，考虑个人计算机产业。个人计算机本身就是一个标准化的设备：市场上有许多主板制造商、芯片制造商和插件供应商。尽管个人计算机产业存在较大的规模经济，但是作为计算机核心的中央处理器（CPU）仍然有多家供应商。

在软件产业里，单个厂商就可以占领个人计算机操作系统和应用软件市场。硬件产业与此相比，有什么不同呢？硬件元件通常按照标准化的规格进行生产，所以许多厂商可以参与硬件产业竞争。但是软件产业里，标准常常是单个厂商专有的。这种差别导致了软件产业和硬件产业的产业结构有巨大差异。

① 本节的要旨是计算机有助于节约交易成本或协调成本。——译者注

# 第二部分　知识产权、竞争和信息技术

约瑟夫·法雷尔和卡尔·夏皮罗

## 13　引言

范里安教授在第一部分“竞争和市场力量”中，分析了高科技公司所采取的一系列的竞争性策略。这些策略诸如个性化定价（personalized pricing）、锁定（lock-in）、采用一致兼容性标准（uniform compatibility standards）来强化乐队花车效应（bandwagon effects），通常都是建立在知识产权（比较典型的是版权和专利）的基础之上。这里我们主要关注这方面的工作，来对范里安教授的内容进行补充。

首先，我们给出一些例子来说明，在信息

技术领域，知识产权会给竞争性策略带来多么深刻的影响。

和大多数计算机软件公司一样，微软使用版权、专利和商业机密（secrecy）来保护自己价值数百亿的软件产品（以 Windows 和 Office 最为著名）。微软采取了范里安教授所讨论的三个基本策略：价格歧视、锁定和通过对专有界面的控制来利用网络效应。版权保护增强了微软开发和改进软件的激励，也给了它对于自己的桌面软件和其他软件之间接口一定程度的控制，包括在 Windows 上运行的中间件（middleware）和应用软件，以及在复杂的计算机网络中，在与桌面机相连的强大服务机上运行的操作系统软件。

版权保护对现代的音乐和电影产业来说也非常重要。当然，在版权出现之前就在娱乐产业存在——据说竞争对手在莎士比亚戏剧的开幕夜派了速记员，而狄更斯（一个英国作家）的作品直到 1891 年才在美国得到版权保护。但是现代产业以技术上非常容易模仿的形式来卖出产品。如果任何购买一张 CD 的人都能合法地制作数量不受限制的数字拷贝，那么像索尼（Sony）、华纳（Warner）、环球（Universal）以及贝塔斯曼（Bertelsmann）这样的唱片公司就无法获得唱片真实价值的大部分（significant fraction）。同样的情况也适用于电影产业。[①] 尽管这样的拷贝是非法的，但强制措施却不够完善，因此唱片公司和电影制片厂都非常关注数字时代的版权保护问题。他们购买了建立在技术壁垒上的“数字版权管理”（DRM），来填补法律上的空白。而关于数字版权管理是否已经远远超过了纯粹保护隐私的要求而阻碍了其他合意的用途的争议日趋白热化。没有数字版权管理，某些用途就会被视为“合理的用途”。我们将会在下面的版权部分对此做进一步的讨论。

通常情况下，合意的用途和隐私是混合在一起的。例如，对等网络（peer-to-peer）文件共享系统 Napster 无疑为侵犯隐私带来了便利，然而它也为捆绑有多种歌曲的 CD 创造了一个比高成本的传统实体零售成本更低、更有弹性的分销系统。音乐公司通过版权法主张自身的权利，要求关闭 Napster。正如人们所预期的那样，音乐公司不愿意放弃音乐下载所带来的

---

① 像图书馆中那样有限的共享，如果能够做到成比例地提高共享个体的支付意愿（因为这构成集团购买（group purchase）），就不会带来问题。事实上，人们可能会争辩这就是电影院存在的基础：电影院从制片厂购买放映权，它的支付意愿是基于从观众那里收集的信息。可参见范里安（2000）。

效率收益（efficiency benefits），而且合法音乐下载（通常情况下不是免费的）现在已经成为一个快速扩张的产业。

同样的，一些电影研究机构最近也成立了一个合资企业——Movielink公司，来推销一个提供合法电影下载的网站（重申，不是免费的）。

当然，唱片公司和电影制片厂只是娱乐价值链的一个层面。其他两个带来有趣的信息技术和版权问题的层面是零售商和艺术家们。在许多产业中，传统的零售分销（retail distribution）正受到建立在网络（或者是电话）基础之上的、直接面向客户的订购方式的挑战。信息技术使得这个过程变得更有效率，而且使得诸如 Netflix 公司或者亚马逊的个性化推荐服务（personalized recommendation services）成为可能。在交易的商品为信息的情况下，例如音乐和视频，运输也变得非常容易并且廉价。同时，信息技术也能够使得传统的零售（尤其是存货控制）变得更有效率。

无论是在横向上还是在纵向上，信息技术都改变了艺术家之间的竞争状况。从横向讲，信息技术可能强化了收益递增的（increasing-returns）“明星”效应。优秀的男高音歌手有很多，在 20 世纪初有数以百计，他们在任何一个晚上都能占满一个音乐厅，尽管只有恩里科·卡鲁索（Enrico Caruso）才是当时的超级明星。现在，公众所认可的“男高音”只有三位：何塞·卡雷拉斯（Jose Carreras）、普拉西多·多明戈（Placido Domingo）以及普契亚诺·帕瓦罗蒂（Luciano Pavarotti）。他们的认知度如此之高，以至于美国联邦贸易委员会以威望迪（Vivendi）和华纳（Warner）涉及“三大男高音”的音频和视频作品限制了竞争，从而违反了美国反托拉斯法律为由，对两家公司提出了控告。[①] 从纵向来说，信息技术可能会向着相反的方向起作用，通过让新的艺术家能够将自己的作品听众定位在国际范围内，并且可能在那里发展起来，从而促进了竞争并且降低了进入壁垒。对于电影，一部价值 500 美元的便携式摄像机和一个网址就能把一个初学电影的制造者的作品展示给世界范围内的观众。当然，表演者总是能够把他们的作品展示给小范围的观众——不过在咖啡厅里表演只能吸引附近的小部分观众，而在互联网上表演却能够吸引来自世界各地的观众（可能很少但是潜在的人数却是无限的），因此更高的专业化程度成为了可能。很多艺术家当然希望互联网作为一个潜力巨大的发行

① 关于宝丽金控股公司、迪卡唱片有限公司、环球唱片公司以及环球音乐视频发行公司的事件，参见第 9298 号判决书，http://www.ftc.gov/os/caselist/d9298.htm。

工具，与其强大并且能够精确定位的口碑营销方式相结合，可以削弱他们所见到的大的发行公司具有的力量。无论是作家还是其他类型的艺术家，都寄希望于信息技术能够削减中介机构所拿走的那部分。

将目光转向专利，诸如 IBM、英特尔（Intel）、惠普（Hewlett-Packard）和摩托罗拉这样大的信息技术公司，每年都要得到即使不是数以千计也是数以百计的专利。它们可能会富有攻击性地使用自己的专利组合来把竞争者赶出特定的市场范围，并且防御性地同其他持有专利的公司就交叉许可的问题进行谈判，或者通过加入可以带来可观收益的专利使用许可协议来成为利润中心。随着专利数量的增长以及特许经营的收益的成倍增加，专利在半导体产业、计算机硬件产业以及软件产业的竞争性策略中发挥着更大的作用。专利在这些产业中所扮演的角色与在专利和专利竞赛方面的传统的关于简单创新的经济学文献中所描述的角色似乎有很大差别，传统文献中的描述可能更准确地适用于描述医药产品。尽管医药产品不是信息技术，它们也能解释知识产权保护如何支持价格歧视，尤其是在国家（地区）与国家（地区）之间的例子中。

当然，长久以来知识产权在经历着快速的技术变革的产业中扮演着重要角色。仅举几例，缝纫机、电报机、飞机以及电话的生产都发生过著名的产权纠纷。并且，版权保护一直对出版业很重要。但是，对于建立竞争性优势来说，知识产权保护在处在信息经济时代中心的产业中比在过去主导经济的农业和工业部门中，天生就起着更大的作用。

在一个农业经济体中，产生的收益属于那些拥有肥沃的土地的、拥有把农产品更有效地运往市场的能力的，以及具有足够的资本来承受不利的气候和巨大的价格波动的人们。知识产权通常是以专有技术的形式存在，这很重要，但是这样的专有技术通常被广泛地扩散，以至于不能作为竞争优势的一个主要来源。然而，即使是在这里，知识产权问题和类似的问题也会产生。香料贸易利润非常丰厚，因此生产国试图防止其他国家获取种子。在现代农业中，杂交种和基因工程育种（最著名的是，孟山都农业生物技术公司的对孟山都毒滴混剂（Roundup pesticide）具有抗药性的“转基因大豆”种子）受到知识产权的保护，一些农药也一样。[①]

在工业经济中，可持续的竞争优势通常以获取低成本的自然资源、掌

① 关于基因工程的专利权如何定义和使用的整个问题非常重要，尽管已经超出了这里的讨论范围。

控具有显著规模经济效应的大型制造设备、高效销售和营销、管理一个覆盖地理范围广阔的大机构的能力为中心形成的。尽管对制造商而言专有技术向来是竞争优势的一个重要的来源，而且产品和流程创新在许多产业中也起着主要的作用，但我们仍然认为，知识产权（尤其是版权）在工业经济中不如它在信息经济中那样居于核心地位。在信息经济中，许多最成功的企业在很大程度上都是依靠知识产权来保护自身的市场地位的。上面所列的产业中，进入壁垒在软件和信息内容产业（information content industry）中比在制造业中的要低。

接下来，我们将通过阐述知识产权如何与范里安教授所研究的竞争性策略交叉来完善他的分析。我们接下来的内容建立在对公司如何通过获取与维护知识产权来建立商业竞争优势的观察之上。这自然会指引我们进入对于当前的知识产权制度是否按照预期那样起着刺激创新并且促进长期竞争的作用，或者是否这个系统已经失衡，授予了过多的知识产权，是否能够对此进行改善以避免阻碍创新和/或伤害消费者的讨论。

在接下来的部分我们将提供一个对于美国知识产权法律制度的基本组成部分的概述，简短地描述关于版权、专利和商业机密的经济原理和法律制度。我们接下来解释为什么知识产权支持范里安教授所研究的每一项竞争性策略。然后我们会超出那些策略的范围，对现阶段专利制度如何对促进创新和竞争起作用或者不起作用进行更为细致的观察。我们以对于专利制度的一些可能的改革的评论来结束本书。

## 14　版权、专利和商业机密

对于经济学家来说，最感兴趣的知识产权是版权、专利和商业机密。[①]每种形式的知识产权都有其独特的特点和作用。

《美国宪法》（The United States Constitution）明文规定了版权和专利方面的内容。它的第一章第八部分规定“国会有权……保障著作家和发明家在一定期限内的专有权利，以促进科学和实用艺术之进步”。

① 商标，另一种形式的知识产权，与涉及品牌、声誉和消费者信息的问题最为相关。我们在这里不讨论商标的问题。

## 14.1 版权

我们都熟悉诸如书籍、音乐作品或者电影等受版权保护的作品。版权目的在于保护特定的思想表达。与专利（参见下文）相比，版权不阻止其他人创造或者销售类似的作品。在此意义上，版权“范围狭窄”：一部电影享有的版权不会阻碍其他人制作类似主题或者情节的电影。在这个意义上，版权法的目的是保护创造性作品不受抄袭（protect literal copying of creative works）——比如未经作家的允许就出版他/她的书，或者未得到拥有版权的公司的许可就在互联网上发行音乐演出会。单独的一本书或者一首歌都构成一个“垄断”，也就是代表一个独特的、差别化的产品。在此意义上，版权可以被认为是允许“小垄断”（mini-monopolies）。然而，在历史上，版权从未带来强大的市场力量：任何特定的一本书或者一首曲子都有许多替代品，而且每当版权存在带来这种市场力量的威胁时，它们的保护通常都会被削弱。①

尽管在上述意义上，版权范围非常“狭窄”，但是它们存在的时期很长。在 1998 年，美国国会通过了《著作权保护期限延长法案》（Copyright Term Extension Act，CTEA），在该法案的规定下，大多数版权一直持续到作者逝世后 70 年。在此之前，根据 1976 年《版权法案》（Copyright Act）的规定，大多数版权持续到作者逝世后 50 年。国会反复延长版权期限；回到 1790 年，版权保护仅仅持续 14 年，可以再延长另一个 14 年的期限，在此之后作品就要进入公共领域。不幸的是，这些延期通常包括已经授予的版权，这就使得在鼓励或者奖励创造性作品的意义上，尤其难以判断其正当性。毕竟，一旦作品失去版权保护，就会进入公共领域因而更容易被其他人所使用并且以此为基础进行发展。显然，美国国会是受到了来自那些版权即将过期的有价值作品的版权持有者的压力（经常被引用的一个例子是迪士尼的米老鼠的版权）。然而，美国最高法院支持《著作权保护期限延长法案》。美国最高法院裁定，尽管该法案作为一项公共政策可能存在不确定性，但是延长有追溯力的版权是与宪法的规定相一致的。②

---

① 参见 Menell（2003）。顺便提一句，商标的情况也是一样的。尽管获得一个商标非常容易——不需要确立任何创新来满足条件——如果因此会带来显著的市场力量，商标的最终结果会被弱化甚至消失。当一个品牌的名称，例如舒洁（Kleenex），成为通用之时，它便不再受保护。

② 埃尔德雷德诉阿什克罗夫特（Eldred vs. Ashcroft），美国最高法院，2003 年 1 月 15 日判决；资料来源：http://www.supremecourtus.gov/opinions/02pdf/01-618.pdf。

尽管有些人认为法律已经不存在这个问题，但是当版权法被应用于计算机软件产业时，仍存在风险，这就是某些长期的版权催生出的市场力量要比图书和音乐的版权催生出的大得多，而且远远超出了版权所有者贡献给定条件下的合意的市场的力量水平。① 有两种原因，首先，受版权保护的计算机软件，例如微软视窗软件，对经济产生的影响远远大于任何单独的书、乐曲或者电影。其次，一旦用户使用一种标准化的产品或者界面，版权能够和网络效应相互作用使得本来是非常“任意的”选择（有很多备选）成为“唯一的”选择（没有好的备选）。当受版权保护的设计确定了一种界面，使得其他软件同受版权保护的软件之间的兼容变得困难时，就会产生最强大的力量。如果网络效应足够强大，包括界面协议在内的版权就会催生出巨大的市场力量。

例如，早在 20 世纪 90 年代，Lotus 1-2-3 电子表格软件被广泛地使用——事实上，有人称其早期版本为个人电脑的第一代“杀手锏程序”（killer app）。美国宝兰公司提供了一种与之竞争的电子表格——Quattro Pro，模仿 Lotus 1－2－3 的用户界面并且提供“宏兼容”，使得用户能够把他们为 Lotus 写的程序（宏指令）转移到 Quattro Pro。Lotus 版权的拥有者以侵犯版权的名义控告宝兰公司，并且在最初取得了胜利。但是，最高法院通过了上诉法庭关于 Lotus 的版权并不能使其阻止宝兰公司模仿用户界面的判决。② 很多观察家（包括我们当中的一人）对这个结果抱有怀疑，因为用户界面，即使最初被认为是随意的“表达”，当用户保存了重要的表格、学会如何使用该产品并且精心制作了宏指令之时就取得了事后的市场力量。③ 在美国和欧洲，对于互补品和替代品现在都存在相当广泛的进行逆向工程和拷贝软件的权利以实现兼容性，无论是对于互补品还是替代品。④ 即使是《数字千年版权法》1201 章（f）（DMCA，section 1201（f））也承

---

① 参见梅奈尔（Menell，2003）关于版权法律已经解决这个问题的争论和在这个过程中的一些错误步骤的讨论。

② 初级法院的判决案号为 49 F. 3d 807（1995 年第一轮巡回审判）；最高法院的判决（不提供资料）案号为 516 US 233（1996）。

③ 参见“经济学教授和学者作为法庭之友支持被告”，出自 http://elsa.berkeley.edu/users/woroch/amicus.txt。对于经济学家来说，这个案件一个不同寻常的特点是宝兰公司争辩 Lotus 已经为它的用户界面的设计投入了相当多的研究。如果作为一个专利的案件，这可能会对 Lotus 有所帮助。在版权的案件中，则会有助于宝兰公司辩解已经没有相对有效的可供选择的界面。因此如果 Lotus 在界面上获得版权保护，就会给它带来市场力量，而这种市场力量的产生方式是版权保护所不希望发生的。

④ 例如，参见 Samuelson and Scotchmer（2002）。

认这项权利。

引用另一个重要的例子，微软关于视窗软件和办公软件的版权不能阻止其他公司制作具有相似特点和功能的操作系统或办公套装，但是他们能够阻止其他公司模仿一些与广泛使用的程序相关的文件格式和其他界面，尤其是与商业机密相结合的时候。事实上，微软非常重视它对在台式机上运行的视窗操作系统和服务器上运行的操作系统之间的界面的保护能力。微软在它同美国政府之间的反垄断案中进行了强有力回击，目的在于限制任何强加的关于开放或者授权视窗程序的界面的义务。①

正如这些例子所表明的，版权保护的范围能够对竞争和创新产生重要的影响。自从美国最高法院在 1991 年对于 Feist 出版公司案的判决中，认为一些创造性作品必须进入数据库的创作才能满足版权保护的条件之后，从围绕着对于数据库的适当的版权保护措施的争论中可以得出更多的例子。②

我们现在正在见证一场非常激烈的关于数字时代版权的作用以及版权法是否必须修改的争论。一方面，一部分的版权持有者表达了严重的焦虑，认为现代信息技术正使得盗版猖獗，互联网正在扮演着从作家、作曲家和艺术家那里窃取创造性作品的“巨大的抄袭机器”的角色。这部分人试图寻找能够阻止或者限制对于受版权保护作品的未经授权的复制的技术。他们也试图寻求更为广泛的力量来查出侵犯版权的人们，以及严惩所发现的未经允许使用受版权保护作品的人们。同时，很多其他的观察家也表达了关于版权法在信息时代起着糟糕作用的关切，因为版权持有者使用技术手段来阻止对于他们作品单纯的或者社会合意的使用。这些批评家声称，现阶段的版权保护催生了太多市场力量，无论是控制作品如何被使用，还是将作品隔离在公共领域之外长达多年，并且“合理使用”被定义得过于狭隘。③ Napster 不仅仅威胁到了音乐工作室的版权：它本身也是一种创新活动。

---

① 关于微软台式机和服务器之间的界面的授权程序的不愉快在 2004 年初爆发，当时美国司法部告知法院审查其与微软之间的协议，因为它对微软在这方面的表现不满。

② 参见 Feist 出版公司诉农村电话服务公司案（Feist Publications vs. Rural Telephone Service Co.），499 US 340. 在该案中，一张单纯的姓名和地址的清单不值得版权法的保护。参见 http://www.copyright.gov/reports/dbase.html 网站上登载的有关 1997 年对此类事件的总结。

③ 参见 Boynton（2004）、Mann（1998），可获取关于版权制度日益增长的批评的最近的有趣的总结。

争论的双方都预言了创新性活动的衰落，但是一方预言这种衰落是由于盗版泛滥破坏了创新的激励而发生，而另一方则预言此种衰落是由于对公众使用受版权保护的作品的严格限制和公共领域的严重缩小而产生。在经验研究中，我们不需要对两种观点二选一：信息技术确实助长了盗版并且促使版权持有者以遏制互补的创造性活动以及远超出有限的盗版的范围（尽管一个明确的所有权的持有者通常并不想限制此类互补性的创新活动）的方式来限制对于数字产品的使用。一个关键的问题就是，一些比广受批判的《数字千年版权法》更为“得体”的公共政策是否能够遏制盗版，同时又不迫使或者鼓励版权持有者强加其他社会（或者私人）不合意的限制。

激烈的争论消耗了人们大量的热情，但却未得到明确的结果。最糟糕的是，媒体公司在寻求具有追溯力的版权延长的同时，也在抱怨猖獗的、不负责任的盗版。同时，数字自由的拥护者们声称“信息追求自由”，并且谴责公司的贪婪。作为经济学家，我们希望我们能够通过识别更多在不限制合理使用或者避免严重缩减公共领域的情况下控制盗版的细致政策，从而将争论引向一个更有建设性的方向。但是我们必须认识到，如果不存在这样的政策，那么这两种截然相反的观点在政策层面上确实会冲突。它们也代表了在关于创新和创造力的来源的基本观点上的冲突。

激励学派（incentives school）关注的焦点在于一个创新者能否获得他或她的创新的大部分收益。毫无疑问，这个学派认为创新是“百分之一的灵感加百分之九十九的汗水”（引用爱迪生的话）。汗水如果得到良好的回报就会有更多。此外，是所有的人（或公司）还是只有一个人（或公司）具有强大的激励并不会有太大的关系：如果任何人有足够强的激励去流汗，那么他或者她就会这样去做。基于这个观点，创新的努力，和许多其他方面的投资一样，主要是由它们在经过风险调整之后所能够带来的回报所决定的。似乎可以说，这个学派的思想在政策圈占据主导地位。

与此相对，开放学派认为上述观点在某种程度上未能关注到一些厂商具有更加努力工作的激励。首先，除知识产权之外，存在对于创新和创新性活动的激励——通常非常强烈。在厂商层面上，创新有助于建立声誉，实现产品上市时间的优势：事实上，一个被广泛引用的关于公司的调查发现，知识产权很少是厂商获得创新收益的主要方式。[①] 在个体层面上，发

① 参见 Levin et al.（1987）。最近的文献参见 Cohen，Nelson and Walsh（2000）。

明——一旦灵感来袭就会变得有趣并且（或者）容易一在事业进步、社会认可或者自我认同方面都会有丰厚的回报。并且，开放学派争辩说，对于解决任何给定的问题，独立的思想都是重要的，因为下一个创意可能来自于任何地方。作为这个学派的代表人物，劳伦斯·莱西格（Lawrence Lessig，2001）在他的著作《思想的未来》（The Future of Ideas）中对于“创新共享”给予了有力的论证，并且帮助建立了“创意共享空间”（http://creativecommons.org/）。开放学派强调公共领域的作用以及在刺激创造力方面的合理使用。①

当然，这种冲突是一个经验上的问题：在一些产业，可能一些种类的创新需要较强的激励，并且汗水来得更为直接，但不舒服。对于这些情况可能包括诸如现代药学发展的例子，激励学派可能有更重要的地位。或许在其他产业其他形式的创新，既有趣又富有创造力或者副产品本身具有吸引力，并且一旦灵感来袭，就不需要太强的金钱上的激励。或许在很多产业，当前的版权保护做得过头了。在这些产业中，相比于因为直接的激励效应减少的创造性作品的供给，更大程度上的开放和较低程度的保护会更能增加创造性作品的供给（通过扩张公共领域和合理使用的范围）。

我们可以通过一个适度简化的模型来解释理论上的歧义。假设一个单独的厂商成功开展一项创新的回报为 $x$，成功的概率为 $p(x)$。设函数 $p$ 为递增的，但可能是凹的（在一定范围内）也可能是凸的。凹性表明，作为从成功的研发中获得的回报的函数，一个单独厂商成功的概率具有递减收益。凸性则对应着递增收益。但是函数 $p$ 的形状不是问题的全部，因为至

① 作为经济学家，我们认为“合理使用”是授予版权持有者所获得的一套权利。根据科斯定理（Coase，1937），人们可能会问，对于这些权利的分配是否无关紧要，以及私人是否应该被允许进入限制或者扩展那些受版权保护的作品的使用权的合同的签订。对于权利的最初分配影响着创造受版权保护的作品的回报并且影响效率上的结果。人们也可能将合理使用原则视为类似于对私人合同的法律解释：通过分配“大多数”参与者无论如何都会同意的权利，法律可以节省谈判和交易成本，包括由于策略性操控诸如拦截（hold-up）所带来的成本。在这个解释下，合理使用应该成为对法庭或者立法的最佳模仿，成为大多数版权持有者以及购买者/许可证获得者都会同意的方式，如果他们需要费心去对相关方面进行协商的话。但是这个观点忽略了第三方的利益，如同版权授权中一些明确的条款一样。例如，考虑一种软件产品的“压膜包装合同协议”（shrink-wrap agreement）禁止获得许可的人发表关于产品的评论或者至少是负面评论（我们被告知将自己描述为“对非结构化信息进行自动化操作的软件基础设施的领先供应商”（www.autonomy.com）的自治系统，在它的一些软件授权中使用此类条款）。由于第三方受到影响，换言之，由于信息外部性，人们可以争论获得许可的人的特定权利应该是不可让渡的。我们在此不做深究。

少有一家厂商进行创新对社会来说是有价值的，但是对于同一创新活动的第二、第三或者第九次发明的收益就会少很多，也可能是零收益。[①] 为了简化起见，我们假设重复的发明是没有价值的，因此政策的目的在于最大化至少一家厂商开展创新的概率，这里我们记作 $T$。如果不同厂商的发明在统计意义上是相互独立的，概率就可以以如下的形式给出：

$$T = 1 - \prod_i (1 - p(x_i))$$

现在考虑广义的“激励”和“开放”政策之间的对比。我们可能会将“激励”政策解释为以最大化厂商之间的最大激励为目的：对于一些厂商有较强的激励去努力工作是重要的，但是由于创新只需要发生一次，因此只需要一家厂商。另一方面，我们可能会将“开放”政策解释为以最大化有可能创新成功的厂商的数量为目的——更为宽泛的解释为创新激励的最小阈值。由于这个模型并不必然地等同于任何一种特定的政策，我们可以尝试通过考虑总的激励——所有厂商的 $x$ 的价值的总和被限制为不超过某一总量 $X$[②]——来简化交易。

我们把政策问题转化为在 $x_i$ 的总和不超过 $X$ 的约束条件下，厂商 $i=1$，2，…，$N$ 选择 $x_i$ 的值的形式，从而最大化 $T$。这等同于最小化（$1-T$）的对数，即 $\log(1-p(x_i))$ 的和。因此如果 $\log(1-p(x))$ 是关于 $x$ 的凸函数，集中激励并且给一些厂商最大程度的激励（即对于某个企业 $i$ 使得 $x_i=X$ 剩下的企业 $x_j=0$）是有利可图的。如果 $\log(1-p(x))$ 是关于 $x$ 的凹函数，则对于所有的 $i$ 平均分配激励并且设定 $x_i=\frac{X}{N}$是有利可图的。[③]

激励学派已经揭示了数字技术如何能被用于广泛存在的版权侵犯中。从公平和效率两方面讲，这种盗版行为都不该被忽略。而且没有经济学家

① 事实上，相比单独厂商的发明而言，重叠的发明可能会加剧产品市场上的竞争。而且，如果不同的厂商探索出该创新的不同“版本”，则可能会有进一步的收益。但是，随着相互独立的发明者的数量的增加，收益增量仍然可能会急剧地下降。

② 注意在一个理想的运行系统中，每个厂商都会拥有一个和其创新对社会所做的全部贡献（当然是与若无则不（but-for）的世界相对应，在这样的世界中，可能会包括其他的进行创新的人）相当的 $x$。所以，$x$ 的总价值可能会非常大。相反，这里我们假设，增加一个参与者的激励是以减少其他参与者的机会或者激励为代价的。我们也不追踪可能会做成这项发明的私人或者公司为创新付出的努力所带来的成本。

③ 参见 Bagnoli and Bergstrom（1989），可以获得更多关于对数凹性的理论和应用。

会否认在其他条件不变的情况下，削减生产创造性作品的金钱上的回报，倾向于减少创造性作品的供给。然而，出于同样原因，开放学派很好地解释了合理使用和公共领域给社会带来的重大的长期利益。在所有领域，一个人的创造力必然会被较早的创新所影响，并且建立在此基础之上。从原则上来说，经验上的证据可以显示这些力量中哪个更为重要，在哪种情况下能够提供数字时代对于版权保护的恰当的限制。不幸的是，这种类型的实证工作不可能产生确定性的结论，因此我们可以预期争论还会激烈地持续下去。

有趣的是，这些竞争性的观点之间的斗争，不仅由于版权法在新兴的数字技术面前被重新解释和定义而在公共政策领域存在，而且也在商业领域尤其是计算机软件产业中存在。最显而易见的例子是微软和 Linux 之间的竞争，前者推销其无所不在的、专有的视窗操作系统，后者的开源软件操作系统被广泛用于计算机服务器。尽管我们觉得这个特定的竞争很有吸引力①，但它不能被看做一种观点和另一种观点之间的较量。充其量，它只是哪种模式（专有软件还是开源软件）以其独特的形式（比如微软建立在 Windows 桌面计算机安装基础上的巨大优势）在一个特殊定位的市场环境（操作系统软件）中运行得更好的一个测试。②

## 14.2　专利

### 14.2.1　专利制度

获得新的、有用的且非显而易见的发现的发明者可能会申请专利，这带给他们合法的权利，来阻止其他人在通常是 20 年的专利期限内试图模仿他们的发明。在美国，专利是由专利商标局来授予的，尽管专利的有效期和范围是由联邦法院来审查的。③ 大约 20 年之前，美国国会建立了一个专

---

① 对使用 Linux 和与之相伴的知识产权问题的更为扩展的讨论，参见 Varian and Shapiro (2003)。

② 如果知识产权维护（比如 SCO 股份有限公司最近针对 Linux 所做的声明）延伸至开源范畴，那么这也许是个不完美的测试。从法律上来说，开源的软件并非缺乏知识产权的保护。相反，知识产权是被主张的，并且授权协议保证了全面且永久的排他性或对金钱的需求。这可能在某种程度上防止了之后的对开源软件的知识产权的主张。获得更多的关于 Linux 所使用的一般许可证资料，参见 Varian and Shapiro（2003）。

③ 这里我们关注美国的专利制度。然而，很多国家的发明者申请专利。我们不对专利法在国际上的调和问题进行解释。

门的上诉法庭即美国联邦巡回上诉法院（CAFC），来处理专利的问题。

显而易见，专利制度以排他性权利的形式给发明者提供了一种奖励。对于重要的专利，那些权利催生出垄断力量，也因此给消费者带来成本，最直接的形式就是由垄断力量所产生的更高的价格。与发明是自由可得的情况相比，社会也为此支付了相应的成本。一种形式的社会成本是由于标准的无效率或者垄断定价所带来的无谓损失所产生。其他形式的社会成本是由于专利持有者与可能的互补的创新者进行谈判时所产生的摩擦带来的。由于这些成本非常大，专利授权的政策只有在以下情况下才具有经济意义（也只有在以下这种情况下才应该被使用）：缺乏专利奖励来鼓励成功的创新的情形下导致了创新极大地减少或延迟。① 这种见解被反映在法律上对于发明"新颖"和"非显而易见"的要求上。为了获得与专利授予相关的暂时的排他性，发明者必须公开发明的作品。

### 14.2.2 专利数量激增

如上所述，许多高科技制造商，诸如 IBM、英特尔和摩托罗拉每年都被授予许许多多的专利。在某些方面，这种模式并不是新出现的——产业领导者长期以来都依赖于专利作为实现研发投入的合理回报和获得竞争性优势的一种方式，尽管有研究表明这从来不是唯一的甚至不是占据支配地位的方式。不过专利被使用的方式在过去的 20 年中已经有显著的改变。②

许多重要的发现就是从这些资料中发展起来的。首先，很明显在授予的专利的总数上有一个迅速的增长，尤其是在信息技术部门，包括特定的软件专利和商业经营方法专利。其次，专利效率，以专利的数量与研发支出的比例来衡量也有所增加。原则上来说，这些专利来自于创新机会的富足所带来的创新流（innovation flowing）的激增。最近在基础科学和技术方面的显著进步可能导致比过去更多的专利发明的机会。

但是仍然有好的理由相信其他的力量也在起作用。③ 首先，美国联邦巡回上诉法院的设立会给专利持有者更多的权利。其次，专利的策略性使用

---

① 当然，其他的制度，诸如对于科研和发展的政府资助、对于成功的创新的货币奖励以及学术上的补偿，也是可能的。但是这些制度似乎充其量只在有限的领域才有用：政府资助对基础研究至关重要，货币奖励似乎对于那些解决特定的著名的难题（例如提供费马最后一个定理（Fermat's last theorem）的证明、解开人类基因组的密码、或者把人类送上火星）的人才有意义。不管如何，我们坚持将专利制度作为首要的明确的方法，通过这一制度，大多数发明者获得了经济回报。

② 获得最近的研究概述，参见 Gallini（2002）。

③ 参见 Kortum and Lerner（1998）。

也似乎有所转变，更多的厂商进攻性地使用他们的专利来排挤竞争对手和/或收取专利税，进而使得更多的厂商防御性地寻求专利权来避开这样的策略。再次，有大量的报告声称专利商标局已经授予大量“有问题的”专利，尤其是在信息技术部门更加严重。下面我们探讨专利制度的改革。

### 14.2.3　专利制度为创新提供了合适的激励吗?

即使专利制度运转良好，但是它为私人厂商从事创新活动提供了合适的激励吗?

自从专利首次被授予，关于专利制度是否能够有效地刺激创新的争论就很激烈：与专利相关的产权是否为创新提供了足够强的激励从而使得专利所带来的垄断力量成为正当的可接受的? 由于专利已经在经济中的信息技术部门变得尤其重要，争论日趋白热化。更具体地说，因为专利系统以排他性权利的方式提供给发明者一种奖励，人们可能会对奖励是过多还是过少，或者恰好为发明者提供适当的激励存在疑问。不幸的是，关于这个话题存在着如此之多的理论和实证上的研究，我们没有一个简单的或者通用的答案。

一个简单的、静态的模型有助于解释其中的一些权衡取舍。对于该模型的评论能够显示出为何关于专利持有者的奖励数量的根本性问题是如此难以解决，无论是从理论上还是从实证上来说。

考虑一种能够带来一种新产品（或者服务）的发明。假设（暂时）专利持有者为其产品设立单一的定价。将这种新产品的需求定义为 $P=D(X)$，其中 $P$ 代表每单位产品的价格，$X$ 是需求的数量。因此收益通过 $R(X)=XD(X)$ 来给出。当 $X$ 单位的产品被生产出来时，消费者获得的总收益为 $B(X)=\int_0^x D(z)\mathrm{d}z$，消费者剩余由 $S(X)=B(X)-R(X)$ 给出。

令发明者生产新产品（一旦新的发明产生）的成本为 $C(X)$。则当 $X$ 数量的产品被生产时，专利持有者（发明后）的利润由 $\pi(X)=R(X)-C(X)$ 给出。发明后的总福利（利润加上消费者剩余）由 $W(X)=\pi(X)+S(X)=B(X)-C(X)$ 给出。

和通常情况一样，利润最大化的数量是使得边际收益与边际成本相等的量。最优产量定义为 $X^*$，相应的最优价格为 $P^*=D(X^*)$，利润为 $\pi^*=\pi(X^*)$，消费者剩余为 $S^*=S(X^*)$。记住只要垄断厂商不能实行完全价格歧视，消费者就享有剩余，即使是从垄断厂商那里购买。一些消费者对于产品的评价高于垄断价格 $P^*$，因此享有剩余。消费者剩余的大小取决于需求曲线的形状。如果有大量的消费者对于新产品给予很高的评价，则消费者剩余就会比较多，但同时仍有足够多的消费者对产品持有较低的支付意愿，从而保证利润最大化的价格是合适的。迄今为止，我们的主要观点是，从新产品中能够获得数量可观的消费者剩余，即使这些产品（诸如受专利保护的医药品）是由垄断厂商所提供的。①

现在我们开始考虑潜在的创新者所面对的激励。以市场中一个简单的情况开始，满足：(a) 只有一家厂商认识到这个特定的创新的潜力；(b) 对于该产品的需求以其他竞争性的厂商所供给的产品面对的需求的减少为代价，而不是以其他具有市场力量的厂商所供给的产品面对的需求的减少为代价。

假设潜在的创新者能够在这方面投入更多的资源进行研发，从而增加了发明成功的概率。(这个分析同更多的科研努力带来更快的发明相类似。) 假设当厂商在研发上的投入为 $Y$ 时，发明成功的概率为 $Q=F(Y)$，并且研发投入具有正的递减的收益，因此当 $Y>0$ 时，$F'(Y)>0$ 并且 $F''(Y)<0$。为简化起见，假设厂商是风险中性的，因此最大化期望收益，厂商选择研发投入 $Y$ 来最大化 $F(Y)\pi^*-Y$。厂商的最优研发支出量为 $Y^*$，由隐函数 $F'(Y^*)=\frac{1}{\pi^*}$ 来给出。由此而产生的利润 $\pi^*$ 较大，$\frac{1}{\pi^*}$ 就越小，由于 $F''(Y)<0$，即 $F'(Y^*)$ 在 $Y^*$ 上递减则要求取较大 $Y^*$ 的值。这些计算证实了厂商会在研发上投入更多这一直观的事实，投入越多，与发明成功以及获得专利相伴随的利润就越多。

在这个简单的例子中，给定专利制度的情况下，社会最优的研发投入量 $Y^{**}$，要大于利润最大化的投资水平 $Y^*$。社会最优的研发投入量最大化预期社会收益 $W(Y)=F(Y)(\pi^*+S^*)-Y$。对于 $Y^{**}$ 的一阶条件为 $F'(Y^{**})=\frac{1}{(\pi^*+S^*)}$，而 $F'(Y^*)=\frac{1}{\pi^*}$，因此，我们得到 $F'(Y^{**})<F'(Y^*)$，根据 $F''(Y)<0$，可以得到 $Y^{**}>Y^*$。直观上来说，利润最大化的厂商在选择研发投入水平的时候，并不考虑由它的发明所带来的消费者剩余 $S^*$。实际上，发明对于消费者产生了正的外部性。

---

① 如果专利持有者可以实行价格歧视，消费者剩余可能会减少。在完全价格歧视的极端情况下，在整个专利期内，都不存在消费者剩余。

因此，这个非常简单的静态模型表明专利制度不能对发明者提供足够的激励。一旦人们认识到专利仅持续 20 年，这个观察结果就会被强化，因此发明所带来的消费者剩余不仅包括前 20 年垄断价格条件下的消费者剩余，还包括专利到期后在无限期的竞争性价格条件下的消费者剩余，而这一消费者剩余可能更大（不考虑专利的商业价值在不同时期的变化问题）。当人们想到专利持有者必须要公开自己的发明，而且其他的发明也可以建立在这项受专利保护的发明之上，那些不被专利持有者所享有的社会收益就变得十分重要。

尽管所有这些影响都是真实存在的，由于至少两方面的重要原因，上述静态模型对于形成一个如此广泛的政策结论显得过于简化。

首先，最重要的是模型简单地假定，发明是由特定的发明者完成的。这个先验的假设在我们定义 $W(Y)$ 时假设“若无则不”的世界时用到，即没有该厂商的发明就不会有此项发明。相反，如果我们假设在很短时间之后就会得到同样的发明，则会得到完全不同的结论。例如，在 1876 年 3 月亚历山大·格雷厄姆·贝尔（Alexander Graham Bell）得到电话的专利权，贝尔和西联汇款（Western Union）的一名雇员伊莉沙·格雷（Elisha Gray）在同一天提交对于电话专利权的申请[①]，但前者比后者早了两个小时。这种连环的发明事实上很常见。基础科学的进步可以带来新的商业机遇，这被许多厂商认识到了。这进而促使企业争先成为第一个将基础科学的发现转化为可以获得专利保护的实用的发明。为研究这个问题，需要一个动态的模型。然而，粗略地讲，在已经存在的静态模型中，$W(Y)$ 会变得更小。如果我们考虑在静态模型中用折现值来衡量所有变量，$W(Y)$ 则会与一段时期内的社会福利流（the flow of social benefits）相对应，直到有其他人成功地做出相同的发明。然而，奖励专利所带来的社会成本、专利垄断所带来的无谓损失，在整个 20 年的专利期限内都持续存在着。

因此，如果同样的发明事实上可以被另外的人在较近的将来实现，对于专利持有者的奖励很容易会远远超过他或者她的社会贡献。如果每个公司投入研发不仅仅是孤立地考虑最大化自己的回报（如上面所假设），而是为了加快发明的进程，从而赢得专利竞赛的话[②]，这个趋势会变得更明显。实际上对于任何授权专利的机构来说，通常都非常难以说清一个给定的发

① 例如，参见 Brock（1981），p. 89。

② 获得关于专利竞赛的最近的文献综述，参见 Reinganum（1989）。

明是“灵光一现”以至于无论过多久，除了这个申请人之外任何其他人都不能产生这样的灵感，还是“在空气中”（in the air）因此可能被其他人在较近的将来所发现。但是至少我们应该对那些具有大量的受基础科学和广为人知的技术进步所驱动的增量创新活动的产业所申请的专利持谨慎态度。

其次，我们还应该考虑到这样的事实，即获得专利的产品通常是定价显著高于边际成本的产品的替代品。根据著名的“窃利”（profit stealing）原则，对于个人和利润最大化的厂商可能存在参与商业活动过分的激励，使得一家具有市场力量的厂商的生意被转移到另一家。[①] 这是失去顾客的厂商所带来的负外部性所导致的。[②] 一旦这种“窃利”被认识到，就不再遵循发明的社会收益超过私人收益的原则，即使发明在任何时间内都不可能被其他人所完成。关于专利制度的经济分析有大量的文献，这不足为奇。

### 14.2.4 授权和创新的扩散

在专利使得专利持有者享有排他性的使用权的同时，专利持有者也经常进行授权，允许其他人使用他们的发明。授权在一些产业中非常常见，包括信息技术部门，但是在其他产业，诸如制药业，则远没这么普遍。

至少有两个原因使得授权是重要的。首先，一些专利持有者通过对他们的发明进行授权可以获得比自己独占发明多得多的利润。这对于那些占有市场份额有限，却获得了对于许多大的供应商而言很有价值的专利权的专利持有者来说是很明显的。其次，授权促进了新技术的使用和传播。幸运的是，与专利保护不同，专利保护充其量以技术普及和短期垄断力量为代价来促进创新，而授权可以同时促进创新和技术普及。

当然，授权的期限和条件会极大地影响授权的经济作用。对于一个简单的授权，专利持有者授予获得许可的人使用发明的权利，同时，获得许可的人支付授权费来作为回报，通常是以商定的固定价格或者获得专利的发明的产品所带来的收益的一定比例，或者两者兼有的方式。在一次交易中，可能有一个或者多个专利被授权。厂商通常提供一揽子权利，在这种情况下，一组专利带来的专利权税会少于各个组成的专利的专利权税之和。

---

① 例如，参见 Mankiw and Whinston（1986）。

② 一些读者可能会思考这里“外部性”为何会起作用，以及我们在上面模型的分析中，给定不存在“市场缺失”的情况下，为何新产品会对消费者产生正外部性。原因在于在存在市场力量的情况下，货币的外部性会对真实福利产生影响。

厂商越来越多地进行交叉授权。在交叉授权中，为了行使对厂商 A 获得专利权的发明的使用权，厂商 B 必须授予厂商 A 使用权，即厂商 A 使用厂商 B 享有专利权的发明的权利。交叉授权是一种有效的易货交易。从事后的竞争性的角度来看，不附带专利权税的交叉授权非常有吸引力并且有效：它们在不提高任何一方的边际成本的情况下，促使专利技术得到普及和使用。货币形式的支付，无论是单方还是双方的，都会被包括在交叉授权之中。交叉授权的使用和流行在不同产业之间存在较大的差别。

在半导体产业中，许多大的厂商实行了包括大量的专利或者整个专利组合的交叉授权。这些广泛的专利交叉授权协议可以涵盖现有专利、正在申请的专利，甚至包括还没有提交申请的未来专利。当两个大的半导体厂商进行一个广泛的、具有前瞻性的交叉授权时，它们就已经有效地选择了利用一个较大的、至少对于双方来说的“专利自由区”，来代替通过专利制度的运作才能实现的专利门票。[①] 或许这个判断表明“预设的”专利制度在半导体产业中的运行已经出现了问题。那个产业的制造商似乎轻视那些积累（或者获取）知识产权而自己不是生产者的厂商：一个制造商不能“防御性”地使用自己的专利来对抗这样的厂商。这自然就产生了在给定实际贡献的条件下，获得专利的非生产性厂商是否得到了过度奖励的问题。如果一家这样的公司，获得了一项有效发明的专利，而这一发明缺少了该公司的创造性努力就不会出现，那么非生产性厂商缺少交叉授权的兴趣这一事实并不能构成这家公司不能够维护其专利权的理由。然而，人们可能会将对于这类非生产性厂商普遍不满视为许多授予的专利是“糟糕的”信号（站在产业的立场），除非只有所有专利持有者同时也是生产者，这个产业才会有令人满意的变通方案。

## 14.3　商业机密

商业机密是个人或者公司所拥有的不愿意与外界分享的有用的信息。商业机密是知识产权的一种形式，受到法律保护。商业机密保护是用来防止对商业机密的窃取。对商业机密的保护没有固定期限。

然而，与版权和专利不同，商业机密一旦通过逆向工程或者是机密所

---

①　一个关注是大的专利组合现有者可能会在宣布一种形式的“专利停战协定”的同时，仍然会阻止缺少足够的专利组合加入这一“俱乐部”的潜在进入者。我们认为这种推理很有趣但是并不完整。

有者公开而泄露给公共领域，就会失去法律保护。因此，所有者必须保护他们的商业机密以及对未经授权的使用非常警惕。当一个熟知公司商业机密的员工去为竞争对手工作的时候，关于所谓的窃取商业机密的诉讼非常常见。商业机密可以被授权；当然，这样的授权必须包含预防性条款，以防止被授权人不会未经所有者允许把机密泄露给第三方。

对于商业机密的保护非常薄弱，商业机密的所有者不能阻止其他人使用相同的专门技术。因此，发展新技术的公司经常面临着是保留新技术的商业机密还是申请专利这样一个复杂的决定。如果公司选择商业机密的路线并且阻止专门技术进入公共领域，法律会有助于阻止其他人窃取商业机密。然而，机密可能会被其他人独立地重新发现，并且进入公共领域（被所有人使用）；或者更糟的是，被后来的发明者申请了专利。在后一种情况下，最初的创新者或者被强制停止使用这项技术，或者从专利持有者手里购买授权许可。[①] 或者，最初的发明者可以为他的新技术申请专利，如果申请成功，就可以获得阻止其他人使用该专利的权利。当然，获得专利的补偿条件是将发明公之于众。这使得其他厂商更有可能去尝试使用已获得专利的发明，或者是围绕它进行创新，甚至是建立在此基础之上的再创新以获得自己的专利。此外，在一些情况下，专利可能会非常难以执行。例如，对于一项涉及程序性技术的专利，专利持有者可能会发现，很难判断其他厂商是否在使用它已获得专利的技术。进一步讲，专利仅仅持续 20 年，但商业机密可以无限期地保留下去。

概括性地探讨了知识产权保护并且明确了一些广泛的问题之后，现在我们考虑信息技术如何支持差别化战略、锁定以及专有标准这三种普遍性策略。

## 15　产品差别化和定价差别化

范里安教授解释了厂商如何利用信息技术来实行价格歧视的问题。正如他所言，价格歧视在信息市场上可能是一种非常有吸引力的策略。信息产品所具有的较高的固定成本（“首份”（first-copy））和较低的边际成本的

---

① 最初的发明者不能通过争辩这项发明的使用构成了“现有技术”来阻止其他人为此申请专利，因为被隐藏的发明不符合专利法上“现有技术”的条件。

特点，意味着进入情形通常不会在由于竞争迫使厂商对所有顾客在边际成本附近定价的点上发生。和通常情况一样，价格歧视需要一定程度的市场力量，通常建立在提供差别化产品以及防止套利的能力的基础之上。对于软件和内容产业（content industry），版权保护对产品差别化（通过阻止未经授权的拷贝）非常重要，并且通常对防止套利（通过对许可证转让或者交易的限制，包含在受版权保护的产品的原始的授权中，来阻止“二次销售”）也非常重要。

一个有趣的解释是音乐产业如何对通过互联网进行的在线发行进行回应。人们可能会认为这个产业将会欢迎并且利用这一新的低成本的发行媒介。如果盗版可以被控制，无论是通过法律途径还是通过包括“数字版权管理”在内的技术途径，在线音乐发行对艺术家和与之签约的、推销他们并且发行他们音乐作品（虽然对于传统的唱片零售商而言不是如此，但只要它们可以通过某种方式将品牌名称和其他资产传输到互联网进行在线发行即可）的唱片品牌都是很有益处的。发行成本可以极大地下降。毕竟，零售价为 15 美元的典型的音乐 CD 中有好几美元流入了零售商的口袋。如果一个音乐品牌可以降低这个发行成本以及生产硬盘实物的成本，它就可以让每个 CD 降价几美元或者获得更大的边际收益（或者是二者相结合）。

音乐产业正致力于在线发行。索尼和环球最初成立了一家名为 Pressplay 的合资企业，与此同时，华纳、百代、贝塔斯曼推出了一项可供选择的 MusicNet 服务。用户抱怨这些早期的服务对于音乐的下载附加太多的限制以至于并没有太大的吸引力（例如 MusicNet 最初只允许音乐实时播放或者有时间限制的下载），但是从那时起，合法的音乐下载服务，最为显著的是苹果 iTunes，变得更加用户友好化，并且越来越受欢迎。

但是这项在线发行被人们接受的进程却非常缓慢：音乐产业首先将其视为一种威胁，与电影产业最初看待 VCR 技术很类似。尽管对于产业的一项低成本的补贴将会带来长期的收益，在短期它却构成了扰乱现有定价模型的威胁，更糟糕的是，它助长了盗版行为。这使得点对点的文件共享网络 Napster 成为一个众所周知的名字，尽管 Napster 上绝大部分的共享都涉及盗版。最终，由于侵犯版权的问题，音乐公司只能关闭 Napster。[①] 诸如

① 参见 A&M 唱片有限公司诉 Napster 有限公司（A & M Records Inc. vs Napster Inc.），239 F. 3d 1004（美国第九巡回上诉法院，2001）。有趣的是，Roxio 公司于 2003 年 5 月购买了 Pressplay，并且以 Napster 的名义重新启动了这项服务。

Grokster 这样集中化程度低一些的文件共享网络是否能在音乐产业的法律冲击下存活下来仍然是未知的。[①]

在线音乐解释了产品以及价格的差别化或版本化。厂商能够并且确实提供了一首乐曲可以被使用的一系列的期限和条件：消费者是购买一次或多次或在一个有限的期限内播放的权利？消费者是否能够把音乐传输到移动装置或者刻录成一张 CD 盘？消费者是否被允许制作多种形式的拷贝以在不同的设备上使用？显然，与一首曲子相联系的被授予的权利也可以以多种方式进行分割。更为广义地说，音乐可以以演唱会（由此产生的辅助性或者互补性的收益，诸如停车以及促销产品的出售都非常重要）和/或带有替代或者互补的复杂可能的唱片（当参加一场音乐会或者一个朋友买了唱片之后，你会更加有可能去买这张 CD）的形式被出售。

电影产业大体上是相同的。最初电影被分销给电影院，观众支付给电影院钱进行欣赏。之后，制片厂意识到它们可以卖出播放权利使得电影通过电视来播放（播放者可以通过做广告来筹集资金）。VCR 最初被看做是对这一模式的威胁，通过使消费者在之后观看带有广告的电影（可调节时间进度）并且有可能跳过（或者更愿意在广告时间离开屋子）广告。环球影业制片厂控告索尼（Betamax 录像机的生产者）为消费者侵犯版权提供便利，但是最高法院（参见前面所引用的内容）认为因为 Betamax 录像机具有显著的合法用途，索尼公司不承担该法律责任。尽管从原则上来说，这可能会使得 Betamax 录像机的用户对侵犯版权负责，但这个产业几乎不可能阻止家庭录像，并且最终想出一种办法来接受而不是与这项技术斗争。现在，电影制片厂和电视网络都出售并且出租它们节目的录像带和 DVD 光盘。随着数字有线电视的出现，按照每次观看来收费，由此消费者为单次观看电影和其他节目来支付费用，正变得越来越受欢迎。随着宽带连接变得更加普遍以及计算机的功能更加强大，我们预期这种模式会传递给电影业，使之基于需求方的需求来通过互联网进行传播，而不是通过传统的有

① 写下这些文字的时候，美国第九巡回上诉法院正在处理 Grokster 案，该案的双方是米高梅电影制片公司与 Grokster 公司。案例的核心是最高法院对于“索尼 Betamax 录像机案”这一里程碑式案例的意见的解释，此案双方是美国索尼总公司与环球影业制片厂，464 US 417（1984）。这一解释保护具有显著非侵犯版权用途的技术免受来自侵犯版权行为所带来的附属债务的影响，尽管那些技术也被用在侵犯版权的途径上。参见 40 位知识产权和技术法教授支持确认的简要的上诉建议书，网址为 http://www. sims. berkeley. edu/～pam/papers. html，以获得对于 Grokster 案的分析。

线电视的技术和商业模式进行传播。[1]

价格歧视对于音乐公司具有吸引力也有另外一个原因，这与版权保护的强度有关：由于非法下载威胁的存在，在线音乐的需求弹性可能比 CD 或者其他形式的音乐的需求弹性更高。毕竟，对很多人来说，合法下载一首歌曲的主要替代是非法下载同一首歌曲。同时，对很多消费者，尤其是那些大量使用电脑并且有快速的网络连接的人来说，非法下载的操作是同合法下载相差无几的。

音乐产业已经尝试着通过两种方式让非法下载成为一个不太具有吸引力的替代品，一种是通过公共关系强力试图让人们对于窃取享有版权的音乐深感愧疚，另一种是控告那些非法供应或下载大量音乐文件的人。这个产业已经开始给予通过苹果 iTunes 服务（http://www. apple. com/itunes）和其他的通常是每首 99 美分的音乐库来下载音乐在法律上的授权。与早期的合法服务不同，iTunes 不对下载的资料的使用加以严格的限制。

在线发行在电影产业仍然不是很发达，但随着时间的发展同一变化趋势也会发生。下载大批的电影文件会随着宽带网络连接变得更加普遍，因为用户能够获得容量越来越大的硬盘来储存它们，家用电脑同电视机和其他的家用娱乐设备联网（或者变成这样的设备）变得更加实用。一些急于使得类似 Napster 的非法服务无法扎根的主要的电影制片厂（米高梅、派拉蒙、索尼、环球和华纳等），已经推出它们自己的合法服务 Movielink（www. movielink. com）。

现在我们提出这样一个问题，如果版权保护变得更脆弱，以至于一张 CD 或者 DVD 的购买者可以非常轻易地为朋友们提供拷贝甚至廉价地出售给陌生人的话，电影和音乐产业会如何行动。一种可能是制片厂会相应缩减它们的经营，更少的艺术家或者电影会有利可图。另一种可能是这个产业会寻求拷贝的技术上的保护。例如出售需要一个一次性的互补的数字“钥匙”来运转的硬盘。第三种可能是恢复到“公共演出”的状态（假设便携式摄像机被电影院禁止使用）作为主要的收益来源。一个通常的观点是人们可能会认为那些控制内容的人将内容控制得更严密，如果他们使得内容流出而不完全失去控制的能力下降。

---

① 在美国，大多数居民的宽带网络连接是通过电缆调制解调器来实现的，并且电缆公司试图对此进行多大程度的控制是个开放性的问题，因为这威胁到它们传统的商业模式，但同时也带来新的机会。

一个完全不同的选择是以象征性（或者不）收费的方式将内容公布出来，通过出售互补品来获得收益。例如，一家厂商可能会免费提供内容（软件），但是必须保证在该厂商的专有的硬件上使用（并且对后者收取附加费）。当然，也必须采取一些措施来防止对硬件的拷贝，但至少硬件不受使用数字技术即可无成本地再生产和发行的制约。这样的策略看起来可能需要消费者拥有很多独立的CD播放器，这显然不是一个可接受的选择，但通过使用通用的CD播放器，并且配备可以使得播放器播放不同品牌的音乐的合适的“钥匙”，就像将一部GSM电话的授权信息编码在SIM卡中一样，就可以避免这个问题。如果钥匙是临时的，这就会类似于电视服务的订购费一样起作用。硬件制造商甚至可能会对钥匙进行捆绑销售，以类似于对硬件征税的方式，有效地为软件产业筹集资金。在英国，国家广播公司（BBC）通过对拥有电视机征税（政府强制）来获得资金支持。显然，数字版权管理系统的法律和技术层面在这些情况下变得非常重要。① 一个选择性的互补策略是将音乐或者视频内容同广告进行捆绑销售。这已经在电视节目中出现，在一些节目中，“植入或广告”变得更加重要。

## 16 转换成本和锁定

知识产权极大地影响了与信息技术诸如计算机硬件和软件相联系的转换成本。一个主要的例子便是微软。除了与许许多多的用户都很熟悉的Microsoft Word、Excel以及PowerPoint相联系的用户界面之外，这些软件程序也包括享有商业机密并且受版权保护的专有的文件格式。文件格式是转换成本的一个重要方面：其他程序产品所面临的一个主要的障碍是，当从Microsoft Office导入或者导出文件时，如何实现完全兼容性。例如，Sun微系统公司的StarOffice办公软件由于在提供足够兼容性方面存在困难，从而无法从Microsoft Office夺走显著的销售额。

为了解释知识产权如何影响转换成本，考虑“号码可携性”。仅仅在2003年末，美国联邦通讯委员会（FCC）就最终决定要求无线电话公司让用户在更换通信工具时可以仍然保有原来的电话号码；对“普通的”电话

① 参见萨缪尔森（Samuelson，2003）关于数字版权管理的一种观点。

的类似要求是美国1996年《电信法》(Telecommunications Act)的一部分，它的执行是贝尔公司提供地区间长途电话服务的前提条件。号码可携性使得用户更换通信设备变得不那么困难，因此给消费者带来了直接的好处。然而，正因为号码可携性限制了通信公司从已有的客户群体中获取利润的能力，号码可携性也削弱了对新用户的竞争。理论表明这一作用有时会超过前面的作用，因此可携性从原则上削弱了而不是增强了总体竞争。换言之，它对消费者有害而不是有利。然而，在实践中，多数知情评论者似乎对号码可携性会增加竞争并且降低价格非常有信心。[①] 对于“电子邮件地址可携性”没有一个短期的预期，当更换网络服务提供商（或者雇主）时，多数人一定会更换电子邮件地址。当消费者想要把“他们的”数据带给新的供应商时，类似的情况也会出现，就像一个病人想要把内科或者牙科的记录带给一位新的医生或者牙医，或者甚至像一位顾客想要把他或者她的历史购买数据带给一位新的杂货或者书籍的在线供应商一样。

许多经济学家经常将具有转换成本的市场视为有关同一产品的重复购买，同样重要的模式是在“二级市场”上对于互补的“次级产品”的购买之后发生的“一级市场”上“初级产品”的销售。在这种情况下，如果初级产品的销售商在出售互补品的时候具有优势，就会产生转移成本。一个经典的例子是耐用设备的售卖，例如一台复印机，这发生于售后市场上对于该设备零部件和服务的出售之后。显然，设备制造商在为自己的机器出售零部件方面具有优势，尤其是当这些部件受到专利保护或者生产存在显著的规模经济的时候。另外一个例子涉及对于复杂的商业软件的授权，例如数据库软件或者交易处理软件，这次发生在这一软件的年度升级和支持之后。重申一下，最初的卖方在为它的软件提供升级和服务方面很可能比第三方有显著的优势。[②] 在某些情况下，一级市场上进行交易之后会迅速形成“二级市场”。类似的例子包括宾馆房间的电话服务或者体育赛事上的食物提供。通常的经验结论表明这些互补的商品或者服务的价格远远超过当消费者面对更多即时性选择时的水平。

这些“二级市场”颇具争议。柯达反垄断案受到了广泛的关注，因为这件案例被美国最高法院（美国最高法院裁定柯达与施乐公司之间在一级

---

① 例如，参见 Viard (2003)。

② 许多情况下消费者购买建立在全部所有权的成本之上的这类产品，并且在一级市场存在有效的竞争，价格会由于认识到成本与售价之间的差额会在二级市场上实现而有所折扣。

市场上的竞争并不一定意味着，柯达公司在柯达零部件及服务的二级市场上缺乏市场力量）发回重审，并且柯达公司最终被美国第九巡回上诉法院要求将自己获得专利的零部件出售给致力于为柯达设备提供服务的第三方服务机构。[①] 但是柯达的这个案例似乎在强加给专利持有者需要履行的义务方面是一个反常的情况。事实上，在涉及施乐公司的最近的一个案例中，美国联邦巡回上诉法院正好得出了完全相反的结论。[②] 这两个案例的对比非常奇怪，有争议的业务非常相似，包括一些相同的基础产品（复印机），以及施乐公司在复印机市场上的地位很强势，但是需要履行的义务却只强加给了柯达公司。一种解释，尽管不是非常令人满意，是施乐公司比柯达公司更加强势并且更早地宣称了它的专利，因此联邦巡回上诉法院听取了施乐案件的上诉，而联邦巡回上诉法院可以说比第九巡回上诉法院更加尊重专利持有者的权利。最近，美国最高法院已经澄清即使是垄断厂商也不是都面临着帮助它们的竞争对手走出困境的责任[③]，尽管这并不意味着知识产权的所有者拥有一个与反垄断法相对立的“自由通道”。[④] 在一个独立的知识产权案中，利盟公司（生产打印机）控告 SCC 公司侵犯知识产权，因为 SCC 公司对利盟公司的打印机墨盒界面进行研究制造，而利盟公司已经对这一界面申请了专利以提高其墨盒在售后市场上的销量。[⑤]

## 17 标准和专利

当厂商就兼容性和界面标准进行协商时，专利权就会成为核心问题。例子包括解调器通讯标准、DVD 读写标准以及为压缩的数字文件进行视听

---

① 图像技术服务公司诉柯达公司（Image Technical Services vs. Eastman Kodak Company），125 F. 3rd 1195（美国第九巡回上诉法院，1997）。夏皮罗在本案中作为一个柯达公司的专家见证人。

② 独立的服务机构反垄断诉讼，203 F. 3rd 1322（美国联邦巡回上诉法院，2000）

③ Verizo 通信诉柯蒂斯·V·特林克（Verizon Communications vs. Law Office of Curtis V. Trinko），2004 年 1 月 13 日判决。

④ 微软在上诉时也争论“如果知识产权是通过法律途径获得”，那么“它们后面的行使就不会产生反垄断的义务”。法院以“与使用一个人的私有财产，例如球棒，不会产生侵权行为责任的主张一样的荒谬”驳回这一观点。

⑤ 利盟公司诉 SCC 公司（Lexmark International vs. Static Control Components，Inc.），02-571-KSF 民事诉讼。

信息编码时所遵循的 MPEG 标准。正如范里安教授所解释的，许多标准制定机构要求参与者公开所有相关的知识产权并且同意以“公平、合理、非歧视”的期限对任何必要的专利进行授权。[①] 不幸的是，这些规则通常导致了对公开义务的程度、授权行为的范围以及如何构成“公平、合理、非歧视”授权期限的争论。

问题的实质在于，技术被确立为标准的专利持有者，当标准被广泛采用时，所享有的市场力量远远超过之前对于标准有许多可供选择的具体选项，并且一些选择并不依赖于获得专利的技术时。如果标准制定机构的参与者在早期就认识到相关的专利，他们会选择一个不侵犯专利的选项或者他们可以同专利持有者商定一个双方可接受的授权期限，甚至一种免除版税的授权。然而，一旦需要使用这个专利的标准被采用，议价能力就会极大地转向专利持有者一方。换句话说，如果一个产业采用了一种技术作为标准之后却发现这种技术侵犯了一家厂商的专利权，发展就会受到阻碍。由此产生的专利持有者的事后市场力量是非常显著的，尤其是当参与者因为网络效应以及普遍的沉没成本而被锁定在选定的标准之中时。结果是专利持有者将会获得显著多于其知识产权的“真实的”或者潜在的价值，当采用者了解自己的选择并且尚未专门对该项技术进行投资时，这一价值通常最好由他们的支付意愿来衡量。

这个问题已经产生了大量的争论，并且某些争论已经引发了法律诉讼。[②] 一个例子是美国联邦贸易委员会对 Rambus 公司的投诉。[③] 根据联邦贸易委员会所述，Rambus 公司向一家标准化组织固态技术协会（JEDEC）[④] 隐瞒了自己关于动态随机储存器（DRAM）的悬而未决的专利宣称，而与此同时，关于 DRAM 的标准正在以来自 JEDEC 会议的信息为基础进行改进。结果就是 JEDEC 记忆标准（涉嫌）侵犯了 Rambus 公司随后被授予的专利权。这不是第一起对于策略性延迟（hold-up）的起诉。例如，王

---

① 参见 Lemley（2002），以获得不同的标准制定机构如何对待知识产权的扩展性的讨论。

② 在一些这样的事件中，本文的两位作者都曾作为咨询者出现。

③ 关于 Rambus 有限公司案在美国联邦贸易委员会 9302 号判决文件中。至于这一文件，美国联邦贸易委员会行政法法官在这一案例中提出了驳回美国联邦贸易委员会对于 Rambus 公司的起诉的意见。参见 http://www.ftc.gov/os/adjpro/d9302/040223initialdecision.pdf。这一判决被上诉到政府调查委员会。一个相关的私人案例被联邦巡回上诉法院判决为支持 Rambus 公司。参见 Rambus Inc. vs. Infineon Technologies，2003 年 1 月 29 日判决。

④ JEDEC 前身为联合电子设备工程委员会。

(Wang)起诉三菱公司侵犯一个记忆模块的设计的专利，而王曾经试图说服JEDEC和该产业在不公开其未定专利的条件下采用这一模块技术；美国联邦贸易委员会在之后同戴尔公司关于视频电子协会总线的问题处理了一个在某种意义上相似的案例。罗克韦尔公司同摩托罗拉公司早些时候关于摩托罗拉公司涉及调制解调器标准的专利产生了一场争论。这些案例共同的特点就是，一个专利持有者的行为涉嫌开启或者恶化信息和谈判问题，使得延迟的问题变得更严重。

我们并不是想说明专利法在标准的内容方面总是带来问题。相反，很多例子中，许多参与者同意在免除版税或者低版税的基础上为一种规范贡献出自己的专利，这种规范则成为一个新的成功的标准。这种皆大欢喜的事实模式的一个很好的例子就是由英特尔公司推行的通用串行总线(USB)。[①] USB的授权条款要求：制作与USB相容的设备的公司同意不对它们所有的同USB标准相兼容至关重要的设备宣称专利以对抗其他制造自己的USB兼容设备的公司。由于在互补品（微处理器）方面的强势地位，英特尔有动力去把USB做成一个成功的广泛应用的产品，这表明英特尔公司将这种知识产权的弱化视为改善产品前景的手段。当然，英特尔公司也可能缺少有益的激励机制[②]，但是我们认为它不会屈从于使得USB在以苹果或者AMD为基础的机器上无法使用的诱惑（如果有的话）。

## 18　我们需要对专利制度进行改革吗？

越来越多的观察家呼吁对美国的专利制度进行改革。这些观察家所认识到的最根本的问题在于专利质量：太多的“有问题的”专利被专利商标局（PTO）所授予。换言之，专利被授予那些没有实现名副其实的发明的公司或者个人，或者被授予的专利的声明过于宽泛。根据这个观点，专利商标局在很多情况下没能真正理解或者辨别“现有技术”，并且为那些事实上并不满足专利法的新颖、非显而易见的规定的发明颁发专利。这种“有问题的”专利由于对那些被迫或者在专利的边缘进行发明创造，或者支付版税，或者陷入成本高昂并且具有风险的法律诉讼的公司或者行业强加了

① 本文的作者之一夏皮罗在一个涉及USB规范的案例中为英特尔公司担任专家证人。

② 关于互补品生产者的激励，可以参见Farrell and Weiser (2003)。

一种不必要的、不公平的并且成本较高的负担，从而对竞争和创新有害。

批评家认为这些问题在以下一些行业中尤其严重：（1）大量的专利被颁发；（2）创新是通过稳定的不断的进步累积产生的，许多进步事实上应该无法满足非显而易见这一要求；（3）专利商标局对技术方面的文献和潜在的技术的理解较为薄弱，因此经常对现有技术做出不正确的判断；（4）一种单独的产品可能会同时侵犯许多种专利，因此产品可能会被迫向各种各样的专利持有者支付版税，这种情况被称为是“版税堆”（royalty stacking）；（5）制造商为使这种产品面市而投入了沉没成本，并且可能在做出这些投资之后被发行的专利所阻碍。半导体和软件产业通常被认为是满足这些条件当中的一部分，因此受到“有问题的”专利的害处最大。[①]

美国联邦贸易委员会（Federal Trade Commission，2003）做的一项有影响力的研究报告包含了对于改革的一些重要建议。[②] 美国联邦贸易委员会的报告发现“有问题的专利是关于竞争的一个重要方面并且会伤害到创新”。正如该报告中所讲，“一个质量糟糕或者有问题的专利有可能是无效的或者包含过于宽泛的声明”（第 5 页）。美国联邦贸易委员会一些关键的提议被设计成减少伴随有问题的专利而来的对于竞争和创新的损害。[③]

美国联邦贸易委员会认为，之所以有如此之多有问题的专利被授予，一个原因是对于专利制度的挑战（已有的或者将要出现的）远远不够。除非专利持有者已经以专利侵权诉讼的方式威胁到潜在的挑战者，否则第三方不能挑战已经颁发的专利；并且在任何这样的诉诸法庭的挑战中，专利都享有很强的合理性的先验假设。除此之外，如果一个挑战者的竞争对手也会从“有问题的专利”被撤销中获得收益，那么一家厂商去挑战专利的动力就会非常弱。美国联邦贸易委员会的第一项提议是呼吁立法对于专利和专利的对立面创设一种新的管理程序来进行事后监督。第二项提议呼吁立法明确规定对于专利有效性的挑战的标准或者证据是建立在“证据数量上的优势”，而不是现阶段的“显而易见和有说服力的证据”基础之上。当

---

① 例如，可以参见 Merges（1999）；Shapiro（2001b）；Lemley（2001）；以及 Cohen and Merrill（2004）。

② 在 2004 年 4 月，美国国家研究委员会发布了它自己的评估专利制度和建议改革的报告；参见美国国家研究委员会（National Research Council，2004）。当前专利制度的许多批评家都希望这两份报告会有助于激励支持专利制度的立法变革。

③ 参见 Shapiro（2004）和 Samuelson（2004），以获得对于美国联邦贸易委员会专利改革建议的更为完整的探讨。

给定美国联邦贸易委员会在进行快速的审查和对于潜在的技术或者现有技术的不完整的理解基础之上颁布了很多专利的情况下，这种改变是有法律意义的，尽管对于普遍的专利权来说会带来更大的不确定性。①

联邦贸易委员会还有改进专利质量的补充性的提议。它的第三项提议试图放宽过去用来评价一项专利是否是“显而易见的”法律标准，同时它的第四项提议试图为专利商标局寻求额外的资金支持。

这里我们也提到美国联邦贸易委员会的第七项提议。该提议呼吁立法要求在提交申请 18 个月之后，公开所有的专利申请。直到最近，专利只有在被颁布的时候才公开。这产生了机会主义和锁定的重要问题。正如美国联邦贸易委员会所解释的，“在提交专利申请和颁发专利这段时间内，一个申请者的竞争对手可能会大量地投资于设计和开发一项产品，到头来却发现，一旦专利被颁发，它正在侵犯一个对手的专利并且欠下了大量的版税。这种情况扰乱了商业计划并且减少了创新的动力，不利于竞争。”我们同意这个观点，并且补充，这种情况即使是专利持有者与开发并销售新产品面市的厂商之间不是竞争对手时，也会对创新和竞争有害。

既然大多数的专利申请在提交材料的 18 个月之后公布，这类问题也就有很大程度的减少；例外情况仅仅是在美国提交材料的申请时。美国联邦贸易委员会在接下来将会通过排除例外情况来减少这一问题。联邦贸易委员会的第八项提议将是通过为独立发现和补充将要被颁发专利的技术的公司建立特定的先期用户权利（prior user rights）来进一步缓解延迟问题。

# 19　总结和结论

信息和信息技术在经济活动中占有越来越大的比例，知识产权——版权、专利和商业机密——将会在 21 世纪的经济中扮演越来越重要的角色。我们这里已经解释了知识产权被颁发和在竞争性策略中被使用的主要的方式。自然而然地，当信息技术进步如此之快时，版权法和专利法也面临着不断改进的压力。

版权法在信息内容产业中至关重要，包括出版、音乐、电影和计算机

① 参见 Farrell and Merges（2004），以获得作为一种通过使颁布不恰当的专利变得无效的方式来促进竞争和创新的方式，授权后的反对程序和诉讼的局限性的分析。

软件产业等。法院现阶段正在致力于完成对于版权法和政策在数字时代的解释和定位。许多符合“数字版权管理”的新技术可以被版权持有者用来限制在其他情况下是对受版权保护的作品的合理使用。很少有人会认为那些将互联网视为“信息需要自由”的重要的知识产权共享区的人们和那些将互联网视为一台对受版权保护的作品进行未经授权的复制的巨大的非法的机器的人们之间的争论会得到一个很快的解决。

与此同时，由于经济中信息技术部门专利数量的迅速增长，专利法和政策也面临着压力。许多观察者都非常担心随着专利商标局颁发太多的“有问题的”专利并因此损害了竞争和创新，专利制度已经失衡。这里，那些由于不严格的专利颁发标准而从现有的制度中获利的人们和那些承担了那些专利成本的人们之间的争论也在逐渐升温而不是平息。在不久的将来，真实的图景是，美国专利制度将会改革，以减少“有问题的”专利的数量，可能会根据美国联邦贸易委员会在 2003 年的报告中所建议的方式。

# 参考文献

Alessandro Acquisti and Hal R. Varian, 2001. Conditioning prices on purchase history. Technical report, School of Information Management, University of California at Berkeley

William James Adams and Janet L. Yellen, 1976. Commodity bunding and the burden of monopoly. *Quarterly Journal of Economics*, 90 (3): 475 – 498

Mark Armstrong, 1999. Price discrimination by a many-product firm. *Review of Economic Studies*, 66 (1): 151 – 168

Mark Armstrong and John Vickers, 2001. Competitive price discrimination. *RAND Journal of Economics*, 32 (4): 579 - 605; http://www.nuff.ox.ac.uk/economcs/people/armstrong/ markpapers.html

Lawrence M. Ausubel, 1991. The failure of competition in the credit card market. *American Economic Review*, 81 (1): 50 - 81

Charles Babcock, 2001. Will open source get snagged in.NET? *ZDNet News*, 6 August; http://www.zdnet.com/zdnn/stories/news/0,4586, 2801560,00.html

Mark Bagnoli and Ted Bergstrom, 1989. Log-concave probability and its application. Unpublished working paper; http://www.econ.ucsb.edu/~tedb/Theory/delta.pdf

G. Baker and T. Hubbard, 2000. Contractibility and asset ownership: Computers and governance in the US trucking industry. Technical Report 7643, National Bureau of Economic Research

Yannis Bakos and Erik Brynjolfsson, 1999. Bunding information goods: Pricing, profits and efficiency. *Management Science*, 45 (12): 1613 - 1630

2000. Bunding and competition on the Internet: Aggregation strategies for information goods. *Marketing Science*, 19 (1): 63 - 82; http://ebusiness.mit.edu/erik/

2001. Aggregation and disaggregation of information goods: Implications for bunding, site licensing and micropayment systems. In Brian Kahin and Hal R. Varian, eds., *Internet Publishing and Beyond: The Economics of Digital Information and Intellectual Property*. MIT Press, Cambridge, MA; http://ebusiness.mit.edu/erik

M. Baye and John Morgan, 2001. Price dispersion in the lab and on the Internet: Theory and evidence. Technical report, Woodrow Wilson School, Princeton University; http://www.princeton.edu/~rjmorgan/working.htm

M. Baye, J. Morgan, and P. Scholten, 2001. Price dispersion in the small and in the large: Evidence from an Internet price comparison site. Technical report, Woodrow Wilson School, Princeton University; http://www.princeton.edu/~rjmorgan/working.htm

Alan Beggs and Paul Klemperer, 1992. Multi-period competition with switching costs. *Econometrica*, 60 (3): 651 - 666

Stanley Besen and Joseph Farrell, 1994. Choosing how to compete: Strategies and tactics in standardization. *Journal of Economic Perspectives*, 8 (2):117－131

Robert Boynton, 2004. The tyanny of copyright. *New York Times Magazine*, 25 January

Adam M. Brandenburger and Barry J. Nalebuff, 1996. Co-opetition. Doubleday, New York

Timothy Bresnahan and M. Trajtenberg, 1995. General Purpose Technologies: Engines of growth? *Journal of Econometrics*, 65 (1): 83－108

Gerald Brock, 1981. The Telecommunications Industry: *The Dynamics of Market Structure*. Harvard University Press, Cambridge, MA

Erik Brynjolfsson and Lorin M. Hitt, 2000. Beyond computation: Information technology, organizational transformation and business performance. *Journal of Economic Perspectives*, 14 (4): 23－48

Erik Brynjolfsson and Michael Smith, 1999. Frictionless commerce? A comparison of Internet and conventional retailers. *Management Science*, 46 (4): 563－585; http://ebusiness.mit.edu/erik/

Nicholas G. Carr, 2003. IT doesn't matter. *Harvard Business Review*, May. 2004. *Does IT Matter*? Harvard Business School Press, Boston

Pei-Yu (Sharon) Chen and Lorin M. Hitt, 2001. Measuring the determinants of switching costs: A study of the on-line brokerage industry. Technical report, Wharton School

Clayton Christensen, 1997. *The Innovator's Dilemma: When New Technologies Cause Great Firms to Fail*. Harvard Business School Press, Boston

Ronald Coase, 1937. The nature of the firm. *Economica*, 4: 386－405
1972. Durability and monopoly. *Journal of Law and Economics*, 15 (1): 143－149

Wesley M. Cohen and Stephen A. Merrill, eds., 2004. *Patents in the Knowledge Based Economy*, Committee on Intellectual Property Rights in the Knowledge-Based Economy, Board on Science, Technology, and Economic Policy, Policy and Global Affairs, National Research Council of the National Academies of Science, The National Academies Press, Washington, DC

Wesley Cohen, Richard Nelson, and John Walsh, 2000. Protecting their intellectual asserts: Appropriability conditions and why US manufacturing firms patent (or not). National Bureau of Economic Research Working Paper 7552

Augustin Cournot, 1838. *Recherches sur les principes mathematiques dela theorie des richesses*. Hachette, Paris

Alan Cowell, 2001. Profit soars at SAP. *New York Times*, 20 July

J. Dana and K. Spier, 2000. Revenue sharing, demand uncertainty, and control of competing firms. Technical report, Northwestern University

Paul A. David, 1990. The dynamo and the Computer: An historical perspective on the modern productivity paradox. *American Economic Review*, 80: 355 - 361

J. Bradford Delong and A. Michael Froomkin, 2001. Speculative microeconomics for tomorrow's economy. In Brian Kahin and Hal R. Varian, eds., *Internet Publishing and Beyond: The Economics of Digital Information and Intellectual Property*. MIT Press, Cambridge, MA; http://www.j-bradford-delong.net/OpEd/virtual/technet/spmicro.html

Raymond Deneckere and Preston McAfee, 1996. Damaged goods. *Journal of Economics and Management Strategy*, 5 (2): 149 - 174

David Dranove and Neil Gandal, 2000. The DVD vs. DIVX standard war: Empirical evidence of vaporware. Technical Report CPC00-16, University of California at Berkeley

Phred Dvorak, Nick Wingfield, and Sarah McBride, 2004. Technology titans battle over format of DVD successor. *Wall Street Journal*, 15 March

Nicholas Economides, 1996. The economics of networks. *International Journal of Industrial Organization*, 16 (4): 673 - 699; http://raven.stern, nyu.edu/networks/

Nicholas Economides and Charles Himmelberg, 1995. Critical mass and network size with application to the US fax market. Technical report, Stern School of Business, New York University; http://raven.stern.nyu.edu/networks/papers.html

Glenn Ellison and Sara Fisher Ellison, 2001. Search, obfuscation, and price elasticities on the Internet. Technical report, Department of Economics, MIT

Joseph Farrell and Pau Klemperer, 2003. Coordination and lock-in: Competition with switching costs and network effects. In Mark Armstrong and Rob Porter, eds., *Handbook of Industrial Organization*, vol. III. Amsterdam, North-Holland; http://www.paulklemperer.org

Joseph Farrell and Robert Merges, 2004. Incentives to challenge and defend patents. *Berkeley Technology Law Journal*, forthcoming

Joseph Farrell and Garth Saloner, 1992. Converters, compatibility, and the control of interfaces. *Journal of Industrial Economics*, March: 9 - 35

Joseph Farrell and Carl Shaprio, 1998. Dynamic competition with switching costs. *Rand Journal of Economics*, 19: 123 - 137

1989. Optimal contracts with lock-in. *American Economic Review*, 79 (1): 51 - 68

Joseph Farrell and Philip J. Weiser, 2003. Modularity, vertical integration, and open access policies: Towards a convergence of antitrust and regulation in the internet age. *Harvard Journal of Law and Technology*, 17 (1): 85 - 135

Federal Trade Commission, 2003. To promote innovation: The proper balance of competition and patent law and policy; http://www.ftc.gov/opa/2003/10/cpreport.htm

Drew Fudenberg and Jean Tirole, 1985. Preemption and rent equalization in the adoption of new technology. *Review of Economic Studies*, 52: 383 -402

1987. Understanding rent dissipation: On the uses of game theory in industrial organization. *American Economic Review Papers and Proceedings*, 77: 176 - 183

1998. Upgrades, trade-ins, and buy-backs. *Rand Journal of Economics*, 29: 238 - 258

2000. Customer poaching and brand switching. *Rand Journal of Economics*, 31: 634 - 657

Nancy Gallini, 2002. The economics of patents: Lessons from recent US patent reform. *Journal of Economic Perspectives*, 16 (2): 131 - 154

Nancy Gallini and Suzanne Scotchmer, 2001. Intellectual property: When is it the best incentive system? In Adam Jaffe, Joshua Lerner, and Scott Stern, eds., *Innovation Policy and the Economy*, vol. II. MIT Press, Cambridge, MA

Richard J. Gilbert and Michael L. Katz, 2001. An economist's guide to US v. Microsoft. Journal of Economic Perspectives, 15 (2): 25 - 44

S. Colum Gilfillan, 1935. *Inventing the Ship*. Follett, Chicago

Austan Goolsbee and Peter J. Klenow, 2000. Evidence on learning and network externalities in the diffusion of home computers. Technical report, University of Chicago; http://gsbadg. uchicago. edu/vitae. htm

Robert J. Gordon, 2000. Does the "New Economy" measure up to the great inventions of the past? *Journal of Economic Perspectives*, 14 (4): 49 -74

Ary R. Greenwald and Jeffrey O. Kephart, 1999. Shopbots and pricebots. Technical report, IBM Watson Labs; http://www. reseach. ibm. com/infoecon/paps/html/amec99_shopbot/shopbot. html

Ward Hanson, 1998. The original WWW: Web lessons from the early days of radio. *Journal of Interactive Marketing*, 12 (3): 46 - 56; http://www3. interscience. wiley. com/cgi-bin/issuetoc? ID=79208

E. Helpman, 1998. *General Purpose Technologies and Economic Growth*. MIT Press, Cambridge, MA

Arye Hillman and John G. Riley, 1989. Politically contestable rents and transfers. *Economics and Politics*, 1: 17 - 39

David A. Hounshell, 1984. *From the American System to Mass Production, 1800—1932*. Johns Hopkins University Press, Baltimore

Thomas N. Hubbard, 2000. The demand for monitoring technologies. *Quarterly Journal of Economics*, May: 533 - 560

Maarten C. W. Janssen and Jose Luis Moraga-Gonzalez, 2001. Two firms if enough for competition, but three or more is better. Technical report, Rotterdam University

Matthew Josephson, 1959. *Edison: A Biography*. McGraw-Hill, New York

Michael L. Katz and Carl Shapiro, 1985. Network externalities, competition, and compatibility. *American Economic Review*, 75 (3): 434 - 440

1986a. Product compatibility choice in a market with technological progress. *Oxford Economic Papers*, 38 (Special Issue on the New Industrial Economics): 146 - 165

1986b. Technology adoption in the presence of network externalities. *Journal of Political Economy*, 94 (4): 822 - 884

1992. Product introduction with network externalities. *Journal of Industrial Economics*, 40: 55 - 84

1994. Systems competition and network effects. *Journal of Economic Perspectives*, 8 (2): 93 - 115

Stuart Kauffman, 1995. *At Home in the Universe: The Search for the Laws of Self-Organization and Complexity*. Oxford University Press, Oxford

Moshe Kim, Doron Kliger, and Bent Vale, 2003. Estimating switching costs: The case of banking. *Journal of Financial Intermediation*, 12 (1): 25 - 26

Benjamin Klein, 2001. The Microsoft case: What can a dominant firm do to defend its market position? *Journal of Economic Perspectives*, 15 (2): 45 - 62

Paul Klemperer, 1987. Markets with consumer switching costs. *Quarterly Journal of Economics*, 102 (2): 375 - 394

1989. Price wars caused by switching costs. *Review of Economics Studies*, 56 (3): 405 - 420

1995. Competition when consumers have switching costs: An overview with applications to industrial organization, macroeconomics and international trade. *Review of Economic Studies*, 62: 515 - 539; http://www.paulklemperer.org/index.htm

S. Kortum and J. Lerner, 1998. Stronger protection or technological revolution: What is behind the recent surge in patenting? *Carnegie-Rochester Conference Series on Public Policy*, 48: 247 - 304

Alex Kuczynski, 2001. Big magazines get bigger as small ones get gobbled up. *New York Times*, 30 July; http://www.nytimes.com/2001/07/30/business/30MAG.htm? pagewanted=print

S. J. Leibowitz and Stephen Margolis, 1990. The fable of the keys. *Journal of Law and Economics*, 33: 1-26

Mark Lemley, 2001. Rational ignorance at the patent office. *Northwestern University Law Review*, 95: 1495 - 1532; http://repositiories. ddlib. org/blewp/19

2002. Intellectual property rights and standard-setting organization. *California Law review*, 90: 1889—1980; available at www. ssrn. com

Lawrence Lessig, 2001. *The Future of Ideas: The Fate of the Commons in a Connected World*. Random House, New York

R. Levin, A. Klevorick, R. Nelson, and S. Winter, 1987. "Appropriating the returns from industrial R&D," *Brookings Papers on Economic Activity*, 3: 783-820

Martin Libicki, James Schneider, Dave R. Frelinger, and Ann Slomovic, 2000. *Scaffolding the New Web: Standards and Standards Policy for the Digital Economy*. RAND, Santa Monica; http://www. rand. org/publications/MR/MR1215/

Robert Litan and Alice Rivlin, 2001. *The Economic Payoff from the Internet Revolution*. Brookings Institution Press, Washington, DC

Robert Litan and Hal Varian, 2001. The netimpact study. Technical report, University of California at Berkeley, http://www. netimpactstudy. com

Gregory Mankiw and Michael Whinston, 1986. Free entry and social inefficiency. *Rand Journal of Economics*, 17 (1): 48-58

Charles Mann, 1998. Who will own your next good idea? *The Atlantic Online*, September; http://www. theatlantic. com/issues/98sep/copy. htm

Peter Menell, 2000. Intellectual property: General theories. In Boudewijn Bouckaert and Gerrit de Gees, eds. , *Encyclopedia of Law and Economics*. Edward Elgar, Cheltenham

2003. Envisioning copyright law's digital future. *New York Law School Law Review*, 46: 63-109

Robert Merges, 1999. As many as six impossible patents before breakfast: property rights for business concept and patent system reform. *Berkeley Technology Law Journal*, 14 (2): 577-615

Judith Holland Mortimer, 2001. The effects of revenue-sharing contracts on welfare in vertically separated markets: Evidence from the video rental industry. Technical report, Economics Department, Harvard University

Barry Nalebuff, 1999. Bunding. Technical Report 99 - 14, School of Management, Yale University

2000. Competing against bundles. Technical Report 00 - 7, School of Management, Yale University

National Research Council, 2004. *A Patent System for the 21st Century*, ed. Stephen A. Merrill, Richard C. Levin, and Mark B. Myers. Committee on Intellectual Property Rights in the Knowledge-Based Economy, Board on Science, Technology, and Economic Policy, Policy and Global Affairs, National Research Council of the National Academies of Science, Washington, DC

Waltern Oi, 1971. A Disneyland dilemma: Two-part tariffs for a Mickey Mouse monopoly. *Quarterly Journal of Economics*, 85: 77 - 96

Jennifer Reinganum, 1989. The timing of innovation: Research, development, and diffusion. In R. Schmalensee and R. Willig, eds., *Handbook of Industrial Organization*. Worth-Holland, Amsterdam

John G. Riley, 1999. Asymmetric contests: A resolution of the Tullock paradox. In Peter Howitt, Elisabetta De Antoni, and Axel Leijonhufvud, eds., *Money, Markets and Method: Essays in Honor of Robert W. Clower*. Edward Elgar, Cheltenham; http://www.econ.ucla.edu/riley/research/

Jeffrey Rohlfs, 1974. A theory of interdependedt demand for a communications service. *Bell Journal of Economics*, 5 (1): 16 - 37

2001. *Bandwagon Effects in High-Technology Industries*. MIT Press, Cambridge, MA

Monica Roman, 2001. Black ink all over Hewlett-Packard. *Business Week*, 22 January; http://www.businessweek.com/@@8zC3j2QQgISnLgEA/premium/content/01_22/

Linda Rosencrance, 2000. Amazon charging different prices on some DVDs.

Computerworld, 5 September; http://www.computerworld.com/cwi/story/0, 1199, NAV47_STO49569,00.htm

Stephen W Salant, 1989. When is inducing self-selection suboptimal for a monopolist? *Quarterly Journal of Economics*, 104 (2): 391 - 397

Pamela Samuelson, 2003. DRM {and, or, vs.} the law. *Communications of the ACM*, April: 41 - 45; http://www.sims.berkeley.edu/~pam/papers.html

2004. Legally speaking: Why reform the US patent system? Unpublished paper; http://www.sim.berkeley.edu/~pam/papers.html

Pamela Samuelson and Suzanne Scotchmer, 2002. The law and economics of reverse engineering. *Yale Law Journal*, 111: 1575 - 1664

Pamela Samuelson and Hal R. Varian, 2002. The "New Economy" and information technology policy. In Jeffrey Frankle, ed., Economic Policy During the Clinton Administration. MIT Press, Cambridge, MA; http://www.sims.berkeley.edu/~hal

Richard Schmalensee, 1981a. Monopolistic two-part tariff arrangements. *Bell Journal of Economics*, 12: 445 - 466

1981b. Output and welfare implications of monopolistic third-degree price discrimination. *American Economic Review*, 71: 242 - 247

Joseph Schumpeter, 1934. *The Theory of Economic Development*. Harvard University Press, Cambridge, MA

2000. The analysis of economic change. In Richard V. Clemence, ed., *Essays on Entrepreneurs, Innovations, Business Cycles and the Evolution of Capitalism*. Transaction Books, New Brunswick, pp. 134 - 149. Originally published in *Review of Economic Statistics*, May 1935

Carl Shapiro, 2000. Competition policy in the information economy. In Einar Hope, ed., *Foundations of Competition Policy Analysis*, vol. XXV. Routledge, New York

2001a. Cross licenses, patent pools, and standard-setting. In Adam Jaffe, Joshua Lerner, and Scott Stern, eds., *Innovation Policy and the Economy*, vol. II. MIT Press, Cambridge, MA

2001b. Navigating the patent thicket. In Adam Jaffe, Joshua Lerner, and Scott Stern, eds., *Innovation Policy and the Economy*, National Bureau of Economics, Washington, DC; http://faculty.haas.berkeley.edu/shapiro

2004. Patent system reform: economic analysis and critique. *Berkeley Technology Law Journal*, forthcoming; http://faculty.haas.berkeley.edu/shapiro

Carl Shapiro and Hal R. Varian, 1998a. *Information Rules*. Harvard Business School Press, Cambridge, MA; http://www.inforules.com

1998b. Versioning: The smart way to sell information. *Harvard Business Review*, November-December: 106 - 114

Oz Shy, 2001. *The Economics of Network Industries*. Cambridge University Press, Cambridge

Susan Smulyan, 1994. *Selling Radio: The Commercialization of American Broadcasting*. Smithsonian Institution Press, Washington, DC

Charles Steindel and Kevin J. Stiroh, 2001. Productivity: What is it and why do we care? Technical report, New York Federal Reserve Bank; http://www.ny.frb.org/rmaghome/staffrp/2001/sr122.pdf

Kevin Stiroh, 2001. Information technology and the US productivity revival: What do the industry data say? Technical report, New York Federal Reserve Bank; http://www.ny.frb.org/rmaghome/staff_rp/2001/sr115.html

Nancy Srokey, 1979. Intertemporal price discrimination. *Quarterly Journal of Economics*, 93: 355 - 371

George V. Thompson, 1954. Intercompany technical standardization in the early American automobile industry. *Journal of Economic History*, 14 (1): 1 - 20

David Ulph and Nir Vulkan, 2001. E-commerce, mass customization and price discrimination. Technical report, University College, London; http://www.ecn.bris.ac.uk/www/ecnv/welcome.htm

David Ulph and Nir Vulkan, 2001. E-commerce, mass customization and price discrimination. Technical report, University College, London; http://www.ecn.bris.ac.uk/www/ecnv/welcome.htm

Abbott Usher, 1954. *A History of Mechanical Invention*. Dover, Cambridge, MA

Hal R. Varian, 1980. A model of sales. *American Economic Review*, 70: 651 - 659

1985. Price discrimination and social welfare. *American Economic Review*, 75 (4): 970 - 875

1997. Economic aspects of personal privacy. In Larry Irving, ed., *Privacy and Self-Regulation in the Information Age*. National Telecommunications and Information Administration, Washington, DC; http://www.ntia.doc.gov/reports/privacy/privacy_rpt.htm

2000. Buying, sharing and renting information goods. *Journal of Industrial Economics*, 48 (4): 473 - 488

2001. Versioning information goods. In Brian Kahin and Hal R. Varian, eds., *Internet Publishing and Beyond: The Economics of Digital Information and Intellectual Property*. MIT Press, Cambridge, MA; http://sims.berkeley.edu/~hal/people/hal/papers.html

Hal R. Varian and Carl Shapiro, 2003. Linux adoption in the public sector: An economic analysis. Unpublished paper; http://www.sims.berkeley.edu/~hal/papers/2004/linux-adoption-in-the-public-sector.pdf

Brian Viard, 2003. Do switching costs make markets more or less competitive: The case of 800-number portability. Unpublished paper, Graduate School of Business, Stanford University; http://faculty-gsb.stantford.edu/viard/Personal/PDF/port.pdf

J. Miguel Villas-Boas, 1999. Dynamic competition with customer recognition. *RAND Journal of Economics*, 30 (4): 604 - 631

2001. Price cycles in markets with customer recognition. Technical report, Hass School of Business, University of California at Berkeley

Nir Vulkan, 2003. *The Economics of E-commerce: A Strategic Guide to Understanding and Designing the Online Marketplace*. Princeton University Press, Princeton

Martin Weitzman, 1998. Recombinant growth. *Quarterly Journal of Eco-*

nomics, 113: 331-360

Michael D. Whinston, 1990. Tying, foreclosure, and exclusion. *American Economic Review*, 80 (4): 837-859

2001. Exclusivity and tying in *US v. Microsoft*: What we know, and don't know. *Journal of Economic Perspectives*, 15 (2): 63-80

# 人名索引

McAfee, Preston
普雷斯顿·麦卡菲
McBride, Sarah
萨拉·麦克布赖德
Menell, Peter
彼得·梅内尔
Moraga-Gonzalez, Jose Luis
乔斯·路易斯·莫拉加·冈萨雷斯
Morgan, John
约翰·摩根
Mortimer, Judith Holland
朱迪思·霍兰·莫蒂默

Nalebuff, Barry
巴里·纳勒巴夫

Oi, Waltern
沃尔滕·奥伊

Riley, John G.
约翰·G·赖利
Rohlfs, Jeffrey
杰弗里·罗尔夫斯
Roman, Monica
莫妮卡·罗曼
Rosencrance, Linda
琳达·罗森克兰斯

Salant, Stephen W.
斯蒂芬·W·萨伦特
Saloner, Garth
加思·萨洛纳
Samuelson, Pamela
帕梅拉·萨缪尔森
Schmalensee, Richard
理查德·施马尔兰森
Scholten, P.
P. 斯科尔滕
Schumpeter, Joseph
约瑟夫·熊彼特
Scotchmer, Suzanne
苏珊娜·斯科奇默
Shapiro, Carl
卡尔·夏皮罗
Shy, Oz
奥兹·夏伊
Smith, Michael
迈克尔·史密斯
Spier, K.
K. 斯皮尔
Stokey, Nancy
南希·斯托克

Thompson, George V.
乔治·V·汤普森
Tirole, Jean
琼·梯若尔
Trajtenberg, M.
M. 特拉基滕伯格

Ulph, David
戴维·乌尔夫
Usher, Abbott
阿博特·厄舍

# 名词术语索引

customization, mass
定制，批量

desktop publishing
桌面出版
differentiation
差别化
digital awareness
数字意识
Digital Millennium Copyright Act (DMCA)
《数字千年版权法》
Disney
迪士尼
dispersion of willingness to pay
支付意愿分散程度
disruptive technology
破坏性技术
distribution, online
分销，在线
durable goods monopoly
耐用品垄断
DVD Forum
DVD 论坛
DVD technology
DVD 技术
dynamic random access memory (DRAM)
动态随机存储器
ECMA
欧洲计算机制造商协会
economics of scale
规模经济
demand-side
需求方
supply-side
供给方

economy
经济
information
信息
efficiency
效率
electronic vehicle management system (EVMS)
电子车辆管理系统
EMI
EMI 唱片公司
Enterprise Resource Planning systems
企业资源规划系统
expectations, management of
期望，……的管理

fax machines
传真机
Federal Circuit Court of Appeals
（美国）联邦巡回上诉法院
Federal Communications Commission (FCC)
（美国）联邦通讯委员会

Unix
Unix 操作系统

VCR technology
盒式磁带录像机技术
versioning
版本
VHS technology
家用录像系统技术
video rental industry
录像带出租行业

Warner
华纳（公司）

welfare and competition
福利和竞争
welfare economics, theorems of
福利经济学定理
willingness to pay, dispersion of
支付意愿，分散
World Wide Web
万维网

xerography
静电复印术
Xerox
施乐公司

The Economics of Information Technology: An Introduction
Author: Hal R. Varian, Joseph Farrell, Carl Shapiro
ISBN: 0-521-84415-0



Published by the Press Syndicate of the University of Cambridge.

**图书在版编目（CIP）数据**

信息技术经济学导论/范里安，法雷尔，夏皮罗著；韩松等译．—北京：中国人民大学出版社，2012.9

（当代世界学术名著）

ISBN 978-7-300-16349-9

Ⅰ.①信… Ⅱ.①范… ②法… ③夏… ④韩… Ⅲ.①信息经济学—技术经济学 Ⅳ.①F062.5②F062.4

中国版本图书馆 CIP 数据核字（2012）第 223539 号

当代世界学术名著

**信息技术经济学导论**

哈尔·R·范里安（Hal R. Varian）
约瑟夫·法雷尔（Joseph Farrell）　/著
卡尔·夏皮罗（Carl Shapiro）
韩　松　秦安龙　姜　鹏/译
韩　松/校

Xinxi Jishu Jingjixue Daolun

---

| | | | |
|---|---|---|---|
| **出版发行** | 中国人民大学出版社 | | |
| **社　址** | 北京中关村大街 31 号 | **邮政编码** | 100080 |
| **电　话** | 010－62511242（总编室） | | 010－62511398（质管部） |
| | 010－82501766（邮购部） | | 010－62514148（门市部） |
| | 010－62515195（发行公司） | | 010－62515275（盗版举报） |
| **网　址** | http://www.crup.com.cn | | |
| | http://www.ttrnet.com（人大教研网） | | |
| **经　销** | 新华书店 | | |
| **印　刷** | 北京东君印刷有限公司 | | |
| **规　格** | 155 mm×235 mm　16 开本 | **版　次** | 2013 年 7 月第 1 版 |
| **印　张** | 6.75　插页 2 | **印　次** | 2013 年 7 月第 1 次印刷 |
| **字　数** | 101 000 | **定　价** | 38.00 元 |

---